Christoph Ph. Schließmann · Strategisches Marketing

Christoph Ph. Schließmann

Strategisches Marketing

Führungskonzept und Promoter
des Reengineering

Die Deutsche Bibliothek - CIP-Einheitsaufnahme

> **Schließmann, Christoph Ph.:**
> Strategisches Marketing : Führungskonzept und
> Promoter des Reengineering / Christoph Ph.
> Schließmann. -
> Wiesbaden : Gabler, 1995
> ISBN 978-3-322-91317-3   ISBN 978-3-322-91316-6
> DOI 10.1007/978-3-322-91316-6

Der Gabler Verlag ist ein Unternehmen der Bertelsmann Fachinformation.

© Betriebswirtschaftlicher Verlag Dr. Th. Gabler GmbH, Wiesbaden 1995
Lektorat: Ulrike M. Vetter
Softcover reprint of the hardcover 1st edition 1995

Das Werk einschließlich aller seiner Teile ist urheberrechtlich geschützt. Jede Verwertung außerhalb der engen Grenzen des Urheberrechtsgesetzes ist ohne Zustimmung des Verlags unzulässig und strafbar. Das gilt insbesondere für Vervielfältigungen, Übersetzungen, Mikroverfilmungen und die Einspeicherung und Verarbeitung in elektronischen Systemen.

Höchste inhaltliche und technische Qualität unserer Produkte ist unser Ziel. Bei der Produktion und Verbreitung unserer Bücher wollen wir die Umwelt schonen: Dieses Buch ist auf säurefreiem und chlorfrei gebleichtem Papier gedruckt. Die Einschweißfolie besteht aus Polyäthylen und damit aus organischen Grundstoffen, die weder bei der Herstellung noch bei der Verbrennung Schadstoffe freisetzen.

Die Wiedergabe von Gebrauchsnamen, Handelsnamen, Warenbezeichnungen usw. in diesem Werk berechtigt auch ohne besondere Kennzeichnung nicht zu der Annahme, daß solche Namen im Sinne der Warenzeichen- und Markenschutz-Gesetzgebung als frei zu betrachten wären und daher von jedermann benutzt werden dürften.

Umschlaggestaltung: Schrimpf und Partner, Wiesbaden
Satz: FROMM Verlagsservice GmbH, Idstein

Meiner Frau

Vorwort

Strategie ist die Fortbildung des ursprünglich leitenden Gedankens entsprechend den stets sich ändernden Verhältnissen.
Moltke

Wirtschaft und Gesellschaft durchlaufen eine Phase des bedeutendsten und tiefgreifendsten Wandels der letzten Jahrhunderte. Die etwas abflauende Rezession und verstärktes Wachstum dürfen derzeit nicht darüber hinwegtäuschen, daß wir uns in einer tiefgreifenden Strukturkrise auf dem Weg von der Industriegesellschaft zur Informationsgesellschaft befinden. Und dieser Strukturumbau beginnt erst ...

„Reengineering" beschreibt das durch diesen Wandel und im Rahmen des Strukturumbaues notwendig gewordene radikale Umdenken in Unternehmen: Alte Strukturen und Prozesse werden gesprengt. Revolution statt Evolution! Neue Chancen und Risiken. Es besteht Einigkeit, daß sich unternehmerisches Handeln an den Realitäten internationalen Wettbewerbs orientieren muß, was bedeutet, globaler zu denken, zu handeln, alte Denkweisen abzulegen und Verkrustungen aufzubrechen.

Gleichzeitig wird der Begriff der „Komplexität" immer mehr ein Datum der Realität unternehmerischer Existenz. Die Erfolgsaussichten unternehmerischer Veränderungsprozesse nehmen in dem Maße zu, wie es gelingt, zu erkennen, daß Unternehmensführung heute ein Systemgefüge drei- und mehrdimensional vernetzter Strukturen und Regelkreise ist. Dabei reichen Glück und Gespür alleine für den Erfolg nicht mehr aus. Vielmehr müssen alle Komponenten der Führung systematisch und gleichzeitig verbessert und mehrere Regelkreise beherrscht werden. Es genügt eben nicht, nur bessere Produkte oder Dienstleistungen anzubieten. Erfolgskomponenten der Unternehmensführung wie Vision und Leitbilder, Strategien, Organisation, Führungskräfteentwicklung und Unternehmenskultur, um nur einige herauszugreifen, müssen in einem harmonischen Verhältnis zueinander den Anforderungen des Marktes entsprechen.

Folgende Schlüssel entscheiden die Weichenstellung für morgen:

1. Positionierung des Unternehmens in attraktiven Märkten

2. Vorsprung vor dem Wettbewerb durch
   - Differenzierung vom Wettbewerb
   - Maximierung des Kundennutzens und des Nutzens aller „Stakeholder"
   - Innovationen
   - Loslösung von der „Produkt"vermarktung und Hinwendung zur Vermarktung des gesamten Unternehmens: Nicht mehr Produktleistungen, sondern Unternehmensleistungen sind gefragt!

3. Erhöhung der Produktivität und Business-Process-Reengineering

4. Effektivität und Effizienz des Managements

Will eine Unternehmung heute ihrem wirtschaftspolitischen und gesellschaftlichen Zweck, dem Menschen zu dienen und den technischen und wirtschaftlichen Fortschritt zu sichern, gerecht werden, muß sie das kreative Potential aller Regelkreise proaktiv ausschöpfen.

Welche Position und Aufgabe nimmt das Marketing im Rahmen des Reengineering ein? Wie ist Marketing als einer der zentralen und entscheidenden Schlüssel-Regelkreise erfolgreicher Unternehmensführung zu verstehen? Was Marketing bewirken kann und darf, hängt in einem hohen Maße von dem ab, was unter „Marketing" heute und in Zukunft verstanden wird:

In diesem Sinne entwickle ich zunächst ein grundlegendes Verständnis- und Denkmodell eines solch umfassenden Marktings und zeige dabei auf, welche Rolle Marketing im Reengineering spielen sollte. Zur Bewältigung solch komplexer Marketingansätze müssen auch geeignete Tools und Strukturen zur Verfügung stehen:

Bekanntlich werden im Marketing Instrumente genutzt, die in den traditionellen Formen in die Jahre gekommen sind und Komplexitäten und Vernetzungen heutiger Varietäten nicht mehr ausreichend abbilden. Solche müssen aber mitwachsen, um ihrem Zweck gerecht werden zu können. Ich werde Tools vorstellen, die geeignet sind, Analyse, Planung, Entscheidung und Controlling in komplexen Business-Prozessen zu bewältigen.

Soweit man überhaupt von „richtigen" Entscheidungen sprechen kann – selbst wenn es objektive Richtigkeit gäbe, wäre sie wohl nur für eine Momentaufnahme möglich –, liegen diesen heute derart viele und vernetzte Varietäten zugrunde, daß es äußerst schwierig ist, diese alle zu erkennen, sie kompetent, umfassend und richtig zu beurteilen, die Szenarien möglicher Entwicklungen und Lösungen zu zeichnen und zu diskutieren sowie den vor dem Hintergrund der Unternehmensmission und -ziele erfolgträchtigsten Weg zu wählen.

Nach dem Motto „Bewährtes nutzen, verbessern und mit Neuem ergänzen" stelle ich ausgewählte Analyse- und Planungsinstrumente vor, die ein geschlossenes System zur Lagebeurteilung, Planung und Entscheidung bilden. Ziel dieser Tools ist es, eine höchstmögliche Vielzahl von Entscheidungsvariablen in ihrer Interdependenz im Sinne eines umfassenden Marketing-Denkansatzes darzustellen. Auch stelle ich erste Überlegungen an, wie die strukturelle Umsetzung aussehen könnte.

Ich bin mir dabei bewußt, daß sowohl der hier vorgestellte, aus der Unternehmensführung heraus entwickelte Marketing-Management-Denkansatz für viele Unternehmen nicht ad hoc erreichbar ist. Auch wird die Anwendung der Instrumente in der Unternehmenspraxis anfangs sehr aufwendig sein. Ich bin aber überzeugt, daß den vorgestellten Denkmodellen und Strukturen die Zukunft gehört ...

Bad Homburg v. d. H., CHRISTOPH PH. SCHLIESSMANN
Februar 1995

Inhaltsverzeichnis

Vorwort	7

1. Marktorientierung im Zentrum unternehmerischen Planens und Handelns — 13
Strategie und Chaos – ein Paradoxon? — 13
Ganzheitliches Unternehmens-Markt-Management — 15
Was heißt „marktorientierte Unternehmensführung"? — 27
Was sind die zentralen Marketingaufgaben? — 37

2. Portfolio-Management in neuer Dimension — 41
Traditionelle Instrumente sind problematisch — 41
Neuer Portfolioansatz — 43
Portfoliomethode POMPAS — 45
   Auswahl der Untersuchungsbereiche — 45
   Qualität der Bewertungsfaktoren — 45
   POMPAS-Tool — 47
   Der Key-Point im POMPAS-Tool — 66
   Weitere Portfolio-Dimensionen: Umsatz, DB, Auftragsgröße — 71
   Vernetzungsmatrix der Untersuchungsbereiche zur Ermittlung von Aktiv- und Passivsynergien — 77
   Aggregation — 82
   Virtuelles Konkurrenzportfolio und Zielportfolio — 83

3. Kundennutzen optimieren: Das Customer's Value Portfolio — 91
Komponente 1: Leistungsqualität und Preis — 96

Komponente 2: Image — 101
Auswertung und Portfolio — 109
   Relation I — 109
   Relation II — 110
   Strategische Optionen: Preis-Leistung — 113
   Durchführung in der Unternehmenspraxis — 114
   Fallbeispiel — 116

4. Verknüpfungen von Markt-Portfolio und Kundennutzenanalyse — 125
Relativer Wettbewerbsvorteil und
Preis-Leistungs-Summe (PLS) — 125
Marktattraktivität und
Preis-Leistungs-Summe (PLS) — 130
Kundenattraktivität: A B C-Kundenanalyse
und Preis-Leistungs-Summe (PLS) — 131
Kundennutzen und Unternehmensnutzen — 133

5. Aktionsplanung — 135
Begriffsbestimmungen/Definitionen — 137
Vorgehensweise — 139

6. Kann das Marketing das Reengineering promoten? — 149

Literatur — 153

Der Autor — 157

1 Marktorientierung im Zentrum unternehmerischen Planens und Handelns

Strategie und Chaos – ein Paradoxon?

Strategie und *Planung* sind im Reengineering zentrale Themen, deren Bedeutung ich vielfach unterstreichen werde. Dennoch möchte ich zu Beginn betonen, daß in der Unternehmensführung und gerade im Marketing-Management auch kreativ-chaotische Elemente ihre Berechtigung, Bedeutung und Notwendigkeit haben.

Die Chaostheorie ist eine der Theorien, die seit Jahren im Gespräch ist und dabei für das Management ernsthafte Denkansätze liefert, wird sie richtig übertragen. Die wichtigste Erkenntnis hierbei ist meines Erachtens, daß das Chaos nicht die Domäne des Gesetzlosen ist, wie fälschlich oft behauptet, sondern das scheinbar „Unvorhergesehene" oder „Zufällige" bei gleichzeitiger Gesetzmäßigkeit, also eine Art Herrschaft im Chaos. In der Natur gibt es eine in den Bahnen von Ursache und Wirkung ablaufende Ordnung, also strenge Gesetzmäßigkeit, und doch bilden zum Beispiel Wetter und Erdbeben gleichzeitig ein unvorhersehbares komplexes Geschehen und Chaos. Wir kennen die Gesetze dieser Naturphänomene, sie bleiben unfaßbar. „Gleichgewichte" in der Natur sind – wenn überhaupt – sprunghaft und ständigem Wandel unterworfen. Chaos und Ordnung existieren letztlich nebeneinander.

Daß Gesetzmäßigkeiten klar definierten Ursache-Menge-Wirkungs-Beziehungen folgen, reicht zum Erfassen tagtäglicher „chaotischer" Erscheinungen eben nicht aus, weil sie sich an linearen und nicht ganzheitlich vernetzten Kausalitäten orientieren. Jedes Unternehmen ist aber ein lebendiger, vernetzter Organismus, und natürliche Systeme sind nichtlinear.

Hierzu ein Beispiel:

In modernen Industrieländern unterliegen Arzneimittel sehr engen juristischen Regelungen, von der Entwicklung über Testreihen bis hin zur Verabreichung an den Patienten und den Hinweisen in der Packungsbeilage. Dosis mit Wirkung und Nebenwirkung sind weitreichend ausgetestet und beschrieben. Was ist aber, wenn ein Patient die Medizin zwar vorschriftsgemäß anwendet, aber ein Zusammentreffen dieser Medizin mit unvorhergesehenen Faktoren wie zum Beispiel latente Krankheitsbilder, Umweltsituation, Nahrung, psychischer Streß u. a. zu einer ungeplanten Negativindikation führt? Wir stellen hierbei fest, daß grundsätzlich alle Anwendungsbeschreibungen von einer Idealindikation mit einer Idealkausalkette ausgehen.

Auf das Management übertragen, heißt dies: Unvorhergesehenes ist ein Datum, mit dem wir täglich umgehen müssen. Das natürliche und komplexe Chaos im Management ist nicht in den Griff zu bekommen. Da es ziemlich unwahrscheinlich ist, alle Varietäten möglicher Komplexität zu erkennen und zu bewältigen, können wir lediglich versuchen, Unvorhergesehenes so weit wie möglich zu reduzieren und zu ordnen. Dies führt auch zu dem Schluß, daß wir Komplexität nie bewältigen können, lediglich den Umgang damit lernen.

Chaos im Management kann also nicht heißen, daß das Chaos selbst das Erfolgsrezept für dann „zufällig entstehende" Erfolgsprodukte, geboren aus „Trial and Error" oder aus irgendwelchen „Trends", ist. Chaos ist ein Faktor als Teil der Komplexität, mit dem wir umgehen müssen.

Deswegen teile ich auch nicht vertretene Ansichten, sich von Strategien oder Marketing „zu verabschieden", vielmehr haben diese gerade heute und mehr denn je Bedeutung, werden sie richtig verstanden und eingesetzt. Das Managen von Komplexität im Sinne von Steuern von Geschäftsabläufen erfordert immer mehr strategische Planung.

Ganzheitliches Unternehmens-Markt-Management

Megatrends der neunziger Jahre stellen in allen Bereichen der Gesellschaft neue Herausforderungen: Die multikulturelle Gesellschaft weist gravierende soziodemographische Veränderungen auf, die sich vor allem in neuen Lebens- und Arbeitsformen und einem weitreichenden Wertewandel zeigt. Wachsende Öko-Sensibilisierung, Aufbruch der osteuropäischen Staaten, verlangsamtes Wirtschaftswachstum und technologische Innovationen und Umbrüche treffen auf einen Ideen- und Standortwettbewerb, zyklischen Nachfrageschwund, engere Märkte, Individualisierung und Emotionalisierung der Konsumenten mit wachsendem Anspruchsdenken, hohen Reifegrad der Märkte mit immer globaler werdenden Wettbewerbsumfeldern und immer anspruchsvoller und individueller werdende Kunden sowie Konzentrations- und Vorwärtsintegrationsprozesse im Handel. Nicht zuletzt ist der Faktor Zeit zu nennen, der Wirtschaftsprozesse kürzer und schneller werden läßt.

Das Marketing hat in den letzten Jahrzehnten in Wissenschaft und Praxis stark an Bedeutung gewonnen. In den einzelnen Branchen genießt es jedoch einen unterschiedlichen Stellenwert, sogar ein sehr unterschiedliches Image. Dabei ist die Aufgabe des Marketings im Sinne einer kompromißlosen Kunden- und Marktausrichtung mit einer schöpferischen Marktforschung und konsequenter Marktsegmetierung und Zielgruppenorientierung inzwischen selbstverständlich. Auch kann davon ausgegangen werden, daß unter „Produkt" außer Hardwareleistungen auch alle Softwareleistungen rund um ein „Produkt" zu verstehen sind. Trotzdem wurde in den vergangenen Jahren die Forderung, Marketing als die „Planung, Koordination und Kontrolle aller auf die aktuellen und potentiellen Märkte ausgerichteten Unternehmensaktivität" (Meffert, 1994) in der Unternehmenspraxis nicht mit der nötigen Ernsthaftigkeit verwirklicht. Dies verwundert nicht, stand Marketing zwischen „Turboeffekt" und „Abschied vom Marketing" (Gerken, 1990) ständig in anderen Modediskussion und wurde damit eher als Spielwiese kreativer Absatzpolitiker denn als ernsthafte Funktion der Unternehmensführung oder gar als Teil der Führungskonzeption eines Unternehmens angesehen. Die Kritik stellt hierbei auch die Frage nach der Effektivität im Marketing verwendeter Planungstools (zum Beispiel Portfolio-Methoden) sowie dem Nutzen mechanistischer Instrumente (v. Briskorn, 1987). Vielfach begegnet man sogar der fatal falschen Vorstellung, Marketing erschöpfe sich in Werbung, was den Status als bloßes Absatz(hilfs)instrument belegt. Die Praxis zeigt nämlich, daß immer noch zu viele Unternehmen in der Phase der Produktorientierung im Sinne von Verkäuferorientierung stecken und es ihnen schwerfällt, konsequente Kundenorientierung im gesamten Unternehmen zu entwickeln. Aber selbst wenn sie es geschafft haben, Haupt- und

Nebenleistungen konsequent kundenorientiert herzustellen, so reagieren sie zumeist auf reale Kundenanforderungen. Sie befinden sich damit aber noch nicht auf dem Weg zur antizipativen Entwicklung von Leistungen für latente Kundenbedürfnisse zur Erfüllung des Bedarfs und der Nachfrage von morgen. Damit nicht genug – selbst hier befindet sich der Unternehmer noch im Stadium der Produktvermarktung. Dies beruht möglicherweise darauf, daß die – marketingorientierte – Aufgabe eines Unternehmens vornehmlich im erfolgreichen Absatz von Produkten gesehen wird. Am Absatzmarkt begegnet das Unternehmen aus dieser Sicht „nur" den Bedarfsträgern, Absatzmittlern – und -helfern. Diese bisher ausschließliche Außenorientierung des Marketings, führte zur Vernachlässigung der Integration aller innengerichteter Prozesse und deren Schnittstellen eines Unternehmens.

Vertritt man den Denkansatz der ganzheitlich vernetzten Unternehmensführung, ist der Markt als umfassendes Absatz- und Nachfragegefüge aller Geschäftsbeziehungen und nicht nur als Absatzmarkt zu sehen. Ein Unternehmen bewegt sich nicht nur am Absatzmarkt, sondern in Märkten, in denen es nicht nur Abnehmer gibt, sondern auch zum Beispiel Lieferanten, Mitarbeiter, Anteilseigner, Wettbewerb, Gesellschaft/Öffentlichkeit, Partner in strategischen Allianzen, Finanziers, die sich vom Unternehmen einen ganz besonderen und individuellen Nutzen erwarten. Definiert man den Begriff des „Kunden" weitmöglichst, so ist es die vornehmliche Aufgabe eines Unternehmens, einen umfassenden volkswirtschaftlich- betriebswirtschaftlichen Nutzen für eine große Gemeinschaft von Marktpartnern zu erbringen, dieser also zu dienen und den gewünschten individuellen Nutzen für jeden Geschäftspartner zu schaffen. Diese umfassende Definition von „Kunden" bezieht alle Marktpartner eines Unternehmens ein. „Stakeholder" nennt man heute auch all die Personen, Gruppen oder Gesellschaften, die in einem Markt mit einem Unternehmen in Beziehung stehen, es in einer bestimmten Art und Weise beeinflussen können und sich einen ganz spezifischen Nutzen von ihm erwarten.

Der Bogen der „Stakeholder" spannt sich daher von den Anteilseignern über den Arbeitsmarkt, die Finanzpartner, Zulieferanten, die Öffentlichkeit und Konkurrenz, über die Absatzmittler bis hin zu den Endkunden:

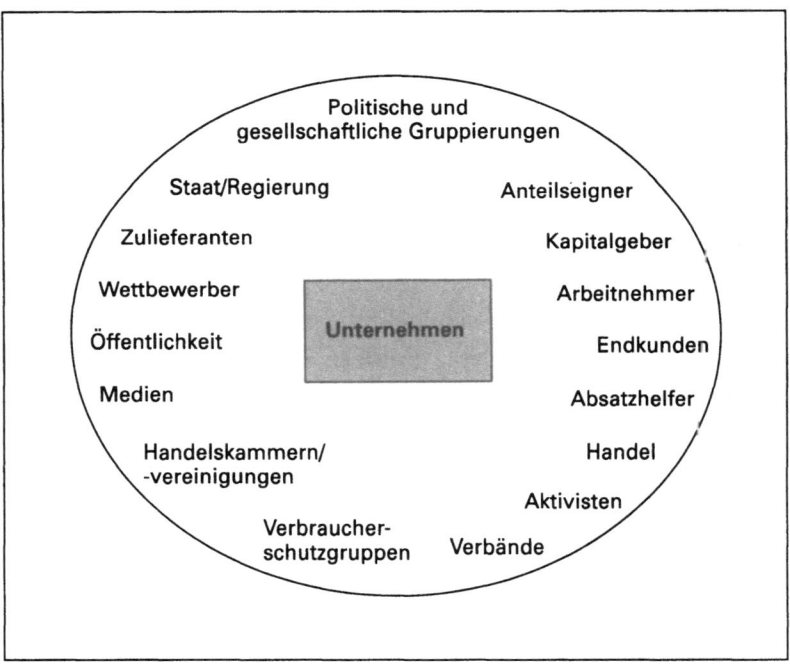

Abbildung 1: Bezugsgruppen der Unternehmung im Stakeholder-Ansatz

Jedes Unternehmen hat in jedem „Markt" daher ein Mix bestimmter Stakeholder, denen es möglichst optimal zu dienen gilt. Faßt man „Markt" und „Kunde" so auf, muß das „Produkt" eines Unternehmens auch nicht mehr nur das Absatzgut sein, sondern sein ganzheitlicher Output, also seine Performance aus Hard- und Softfacts, die weit über Haupt- und Nebenleistungen traditioneller Denkansätze hinausgeht. Dann muß Marketing Motor des Beziehungsmanagements zwischen dem Unternehmen und allen Stakeholder sein.

Betrachten wir einmal, in welchen Lebenszyklus-Schritten sich ein Unternehmen grundsätzlich an einem Markt etabliert:

Schritt 1: Positionierung durch Differenzierung

Der Erfolgsweg eines Unternehmens führt zunächst über Produkte und Leistungen, die zufriedene Kunden schaffen und binden. Hierzu ist es zunächst notwendig, Aufmerksamkeit und Interesse der Kunden zu erzielen, was in Wettbewerbsmärkten nur durch eine klare Differenzierung vom Wettbewerb geschehen kann. Anders als alle anderen lautet das Motto zum Erfolg und dieses Anderssein kann in allen denkbaren Bereichen liegen, in Hardfacts wie zum Beispiel in Produktfunktionen wie in der Preispolitik oder in Softfacts wie zum Beispiel image- oder prestigebildenden Werten liegen. Entscheidend ist, daß die Unterscheidung vom Wettbewerber für die Marktpartner klar und leicht erkennbar ist. Differenzierung hat nichts mit Größe zu tun, sondern allein mit Qualität.

Der Preisträger des deutschen Marketing-Preis 1994, Suchard Tobler (Milka), hat sich zum Beispiel unter der Dachmarke Milka im Markt der Tafel-Schokolade durch eine klare Mengendifferenzierung über die 300-g-Tafel vom Wettbewerb abgehoben; im Markt der Riegel durch besondere Geschmacksrichtungen und im Pralinenmarkt durch besondere Marken wie den Kuchen „Tender".

Schritt 2: Relevanz durch Kundennutzen

Differenzierung alleine reicht noch nicht. Es ist vor allem notwendig, dem Kunden mindestens den von ihm gewünschten Nutzen aus diesem Produkt zu geben. Nutzen kann in technischer Funktion ebenso bestehen, wie in der emotionalen Befriedigung von Emotionen und Sehnsüchten.

Im Fallbeispiel Milka war der Kundennutzen der 300-g-Tafel zum Beispiel das besondere Geschmackserlebnis ganzer Nüsse in der dicken Schokolade.

Schritt 3: Ansehen und Image

Die ersten beiden Stufen sind Mindestvoraussetzungen, um als Unternehmen in Märkte eintreten und sich dort etablieren zu können. Wachstum, Kundenbindung und Cross-Selling-Erfolge entstehen aber darüberhinaus durch langfristig geschaffene Kundenerfolge und Kundenzufriedenheit: Das Unternehmen baut ein positives Ansehen am Markt auf. Dieses ist die Folge einer positiven Unternehmensperformance sowie -kommunikation über differenzierte und für den Kunden hocheffektive Leistungen und dadurch subjektiv erlebte Qualität und den dokumentierten Unternehmenserfolg. Das Unternehmen baut über die Zeitachse damit ein Fremdbild bei den Marktpartnern auf, das in jedem Fall den Markterfolgsfaktor „Beliebtheit" enthält.

Schritt 4: Vertrautheit

Kommt zu vitaler Differenzierung und Ansehen ein langfristiger Dialog mit dem Markt, so kann ein Unternehmen bei fortgesetzt relevanter Differenzierung und wachsendem Ansehen Vertrauen aufbauen. Vertrauen kommt auch aus der

Stabilität eines Unternehmens in wirtschaftlicher und sozialer Hinsicht. Dies ist ein zentraler umfeldorientierter Kulturfaktor in der Marktbeziehung eines Unternehmens.

Die Schritte 1 und 2 stellen zusammen die *vitale Unternehmensperformance* dar, die Schritte 3 und 4 den *Unternehmensstatus*.

Nach dem 4. Schritt hat das Unternehmen keineswegs einen Status quo des Dauererfolgs erreicht, sondern es beginnt bereits hier die Degeneration: Ein Unternehmen muß ständig durch vitale Effektivität und Performance daran arbeiten, den Status bei den Marktpartnern neu zu verdienen beziehungsweise zu rechtfertigen. Hierbei spielt die Sicherung des Stammgeschäfts ebenso eine zentrale Rolle, wie die Schaffung neuer Kundenpotentiale. In einem Unternehmen gibt es viele solcher Leistungszyklen mit völlig unterschiedlichen Phasen. Die beschriebenen Schritte sind daher ein sich ständig neu in allen Leistungsbereichen und Zyklen durchlaufender Kreislauf. Die Summe aller Zyklen baut den Gesamterfolg eines Unternehmens.

Die vier Schritte zeigen, daß die Effektivität eines Unternehmens sehr entscheidend auch von Softfacts geprägt wird. Softfacts wie Image, Kultur etc. sind dabei nicht nur „Schönwetterstrategie", die einige Produkte mehr verkaufen helfen, sondern oftmals die Basis einer Leistung beziehungsweise eines Unternehmens, überhaupt im Geschäft zu sein und zu bleiben. Bei Produkten, die sich immer mehr gleichen und in gesättigteren Märkten, stellen die Softfacts oft gerade die Hebel im Marketing dar, um langfristig signifikante oder gar einzigartige Unterschiede gegenüber dem Wettbewerb aufzubauen und zu kommunizieren. Damit basieren auch Differenzierung und

Relevanz nicht nur auf Preis und Leistung, sondern gerade auch auf Imagefaktoren. Und diese werden durch die gelebte und umgesetzte Kultur eines Unternehmens geschaffen und langfristig in Richtung Status beim Kunden geprägt, egal ob das Unternehmen selbst über Produktmarken nach außen auftritt.

Daß die konsequente Umsetzung der vier Etablierungsschritte eines Unternehmens keine Management-Theorie sind, können folgende Zahlen des Beispiels Milka zeigen:

Wachstum des Bruttosozialproduktes in Deutschland	1992: 1,6 Prozent	1993 – 1,5 Prozent
Werbeaufwand für Milka	63 Millionen DM	103 Millionen DM
Umsatz von Milka	838 Millionen DM	1 022 Millionen DM

Erfolg gegen die Rezession!

Damit muß Marketing-Management das „Vermarkten des Unternehmens an sich im Dialog mit dem Gesamtmarkt" und nicht mehr nur Absatzpolitik sein. Dies heißt, alle entscheidenden Bereiche modernen Managements in den Führungsprozeß zu integrieren und diese Faktoren gegenseitig vernetzt zu sehen. Dieser Ansatz deutet bereits darauf hin, daß der gesamte Wertschöpfungsprozeß eines Unternehmens auf den Markt und die diesen gestaltenden Marktpartner (Beschaffungsmarktpartner, Konkurrenz, Öffentlichkeit und Absatzmarktpartner wie Bedarfsträger, Mittler und Absatzhelfer) auszurichten ist.

Marketing selbst würde mit diesem Ansatz im Zentrum strategischer Unternehmensführung eine hohe Evolutionsstufe erreichen. Dies allerdings auch in der Praxis umzusetzen bedarf eines umfassendes Reengineerings im Denken, in der Strategie und in der Organisation eines Unternehmens.

Das Marketing hat in den vergangenen Jahrzehnten einen interessanten Lebenszyklus hinter sich. Das Modell von Peter Schütz (Absatzwirtschaft 10/1994, S. 34) zeigt in Abbildung 2 in den Phasen II und III den Basistrend in Richtung integriertes Marketing.

Ich möchte diese Phasen II und III in Abbildung 3 in einem Stufenmodell um einige entscheidende Punkte vertiefen, ergänzen und erweitern.

In **Stufe 1** herrscht noch die Verkäufermarktorientierung vor: Marktleistungen kommen vorwiegend aus der Forschung und Entwicklung und dienen meistens allein technisch-technologischen Optimierungen, oft ohne direkten und greifbaren Kundennutzen. Es handelt sich um eine Phase, die den Namen „Marketing" noch nicht verdient und besser als Verkaufsorientierung der Unternehmen in den fünfzigern und sechzigern eingeordnet wird. Sie ist auch heute keineswegs Vergangenheit, sondern in vielen Unternehmen noch durchaus lebendige Realität. Sie sollte aber der Vergangenheit angehören!

Die **Stufe 2** beschreibt das Stadium im Marketing, um dessen Vervollkommnung sich heute viele Unternehmen bemühen:

Sie streben danach, den Bedarf in einem Markt möglichst genau kennenzulernen und zu befriedigen. Einstellung auf den Kunden; „im Kopf des Kunden denken" sind hier die Ziele. Als „Bedarf" wird hierbei der vorhandene und kommunizierbare Wunsch eines potentiellen Kunden nach einer bestimmten Leistung verstanden. Für „Leistung" steht der erweiterte Produktbegriff, also Hauptleistung und Beratung/Service als Nebenleistung. Unternehmen reagieren also im Wettbewerb um den Kunden und haben es in einer Zeit der immer stärkeren Individualisierung und Heterogenisierung der Kundenwünsche

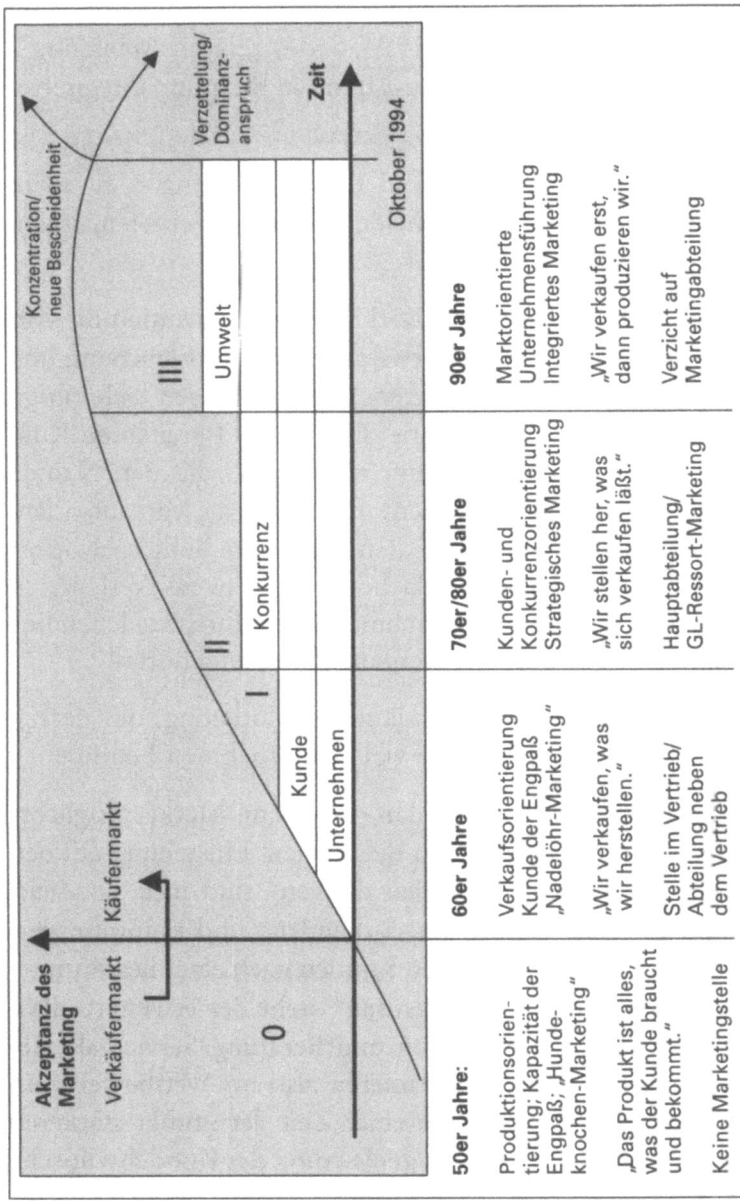

Abbildung 2: Lebenszyklus des Marketing – Der Kandidat am Scheideweg (nach Peter Schütz)

24 Marktorientierung

immer schwerer, Kundenzielgruppen zu ermitteln und deren Wünsche vor dem Wettbewerb zu befriedigen. Als „Kunde" wird zumeist der betrachtet, an den die Leistungströme fließen, also Absatzmittler oder Endkunde. Selten werden differenziert all diejenigen betrachtet, die sich im Umfeld einer Unternehmensleistung direkt oder indirekt einen bestimmten Nutzen durch diese Leistung erwarten.

Die Stufe 2 ist heute unabdingbare Basis unternehmerischen Handelns, genügt aber künftig ohne die drei weiteren Entwicklungsstufen des Marketing-Management nicht mehr.

Stufe 3 steht für „proaktives, antizipatives Marketing". Neben den Wünschen von heute wird durch engen Dialog mit dem Markt versucht, die Wünsche von morgen zu antizipieren. Hier allein bestehen Möglichkeiten, vor dem Markt zu arbeiten und zu agieren, statt zu reagieren. Hier allein besteht die Möglichkeit, latente Kundenbedürfnisse auf dem Entwicklungsweg zum realen Bedarf aufzugreifen und zu beeinflussen, zu steuern. Hier können wieder Märkte gemacht werden, ohne in das Stadium des „Verkäufermarktes" zurückzufallen. Ursprung der Unternehmensleistung ist nämlich dann der Kundennutzen und nicht das Produkt unternehmerischen Egoismus. Der Kundennutzen wird lediglich – man könnte sagen – in seinen genetischen Ursprüngen erfaßt und steuernd codiert.

In **Stufe 4** löst sich das Unternehmen vom Produktbegriff im Sinne von Haupt- und Nebenleistung und begreift sich selbst als sozialen und produktiven Organismus, der insgesamt Medium der Vermarktung ist. Das „Produkt" im früheren Sinne ist nunmehr Teil einer ganzheitlichen Symbiose zwischen dem Unternehmen und seinen Märkten.

In **Stufe 5** letztlich erweitert das Unternehmen seinen Markt- und Kundenbegriff. Marketing-Management erfaßt alle Stake-

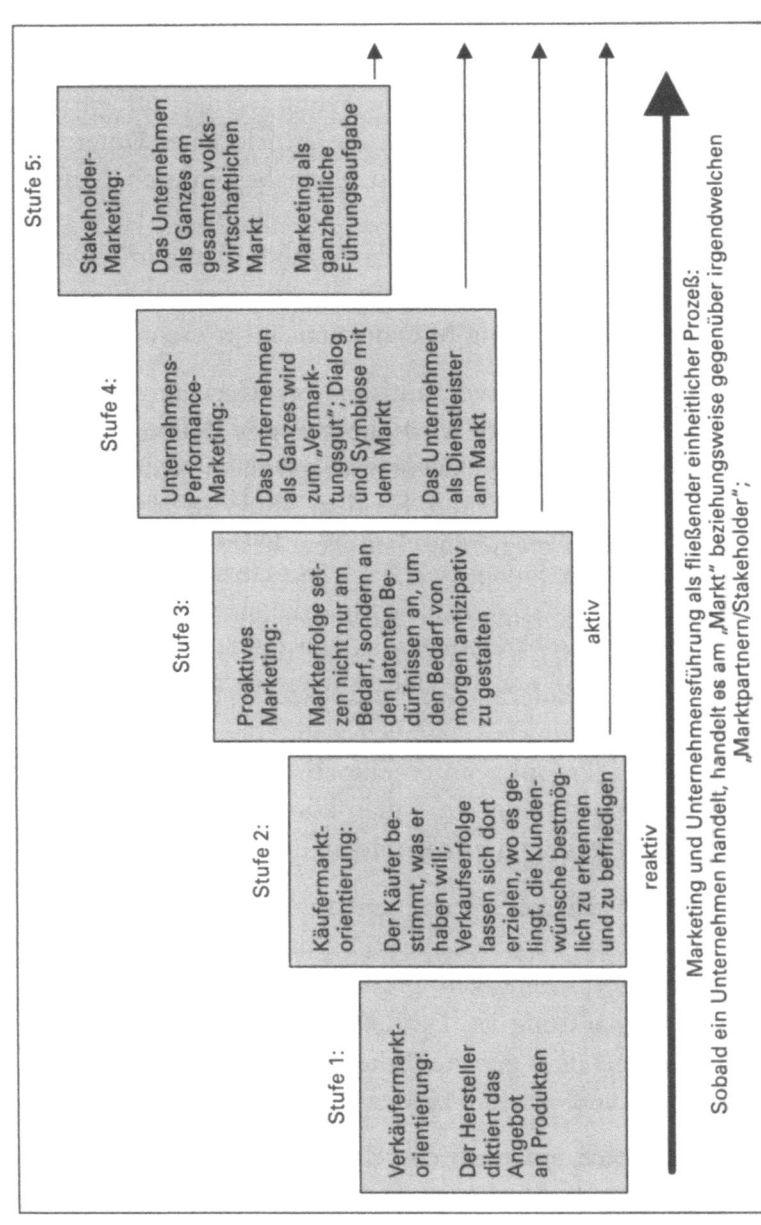

Abbildung 3: Die Entwicklungsstufen des Marketing

26 Marktorientierung

holder im Umfeld eines Unternehmens und versucht sie als „Kunden" zu begreifen und deren Nutzenanforderungen bestmöglich zu erfüllen. Insofern muß umfassendes Marketing auch gegenüber allen Stakeholder agieren.

Die Realisierung aller Stufen im Unternehmen führt zu einem Marketing-Management, das sich als betriebs- und volkswirtschaftliches Führungskonzept am Gesamtmarkt eines Unternehmens begreift und alle „Köpfe" und Funktionen eines Unternehmens in den Dialog mit dem Markt einbindet. Marketing als marktorientierte Führungsaufgabe weit jenseits der Tätigkeit traditioneller Marketingabteilungen! Die einzelnen Entwicklungsstufen des Marketing können dabei in einem Unternehmen in der Reihenfolge durchschritten werden, wie ich sie aufzeigte. In der Regel wird dies bei den Stufen 1 und 2 so sein. Bei den Stufen 3 bis 5 halte ich auch jede andere Reihenfolge für denkbar und richtig. Entscheidend ist, daß in der Endstufe der Marketingentwicklung die Stufen 2 bis 5 kumulativ vorhanden sein können und in einem Unternehmen gelebt werden.

Was heißt „marktorientierte Unternehmensführung"?

Die entwickelten Evolutionsstufen des Marketing klingen einleuchtend. Bei der Umsetzung in der Praxis stehen viele Unternehmen allerdings noch am Anfang der Stufen-Leiter: Der „Kunde" (im Sinne eines Absatzmarktkunden und Abnehmers, nicht Stakeholder) wird vielerorts bereits „selbstverständlich" in den Mittelpunkt unternehmerischen Handelns gestellt (und stört dort oft trotzdem). Untersucht man dieses Primat des Handelns näher, so erkennt man, daß zwischen dem Bekenntnis und der konsequenten Umsetzung Welten liegen, die unter anderem oft darauf zurückzuführen sind, daß in Unternehmen

▶ vielfach Märkte ungenügend oder nicht definiert und segmentiert sind, wenig attraktive Märkte bearbeitet werden und eine relevante Marktposition und Differenzierung gegenüber dem Wettbewerb nicht erreicht werden kann: Erreichte Vitalität und Status reichen nicht zur Etablierung;

▶ keine geeigneten Strategien und Instrumente zur Schaffung optimaler Kundeneffektivität vorhanden sind;

▶ „Markt" und „Kunde" meist schon aus der engen absatzpolitischen Sicht nicht bekannt sind, geschweige im Sinne der Stakeholders, und die entscheidenden Faktoren für die Regelkreise übersehen oder verkannt werden;

▶ die Integration moderner Managementinstrumente nicht geglückt oder die Stellung und Aufgabe des „Marketing" im Unternehmen verkannt wird;

▶ die Markt-/Kundenorientierung nicht im Sinne der Vermarktung des Unternehmens an sich und seiner Gesamtleistungsfähigkeit als Kulturelement moderner Führung verstanden und umgesetzt wird.

Im einzelnen:

In der Praxis stößt man immer wieder auf eine starke Trennung zwischen „Unternehmensführung" und „Marketing": Unternehmensführung erhebt – plakativ betrachtet – in der Praxis den Anspruch der „Lenkung und Planung des ‚Unternehmens'geschehens" am eher volkswirtschaftlich definierten Markt als Summe aller Angebots- und Nachfragebeziehungen und dem Unternehmensumfeld. Marketing wird zu oft noch als reines Absatzmanagement gesehen, was seine Ursachen sicher auch darin hat, daß der Marketer bislang seinen „Markt" rein absatzorientiert als Gesamtheit der Käufer gesehen hat oder sogar Marketing als ein abteilungsbezogen praktiziertes, mehr operatives Hilfsinstrument einstufte.

Die skizzierte Einstufung läßt sich typisch und plakativ beispielhaft mit Aussagen wie „Marketing ist dort wo die Prospekte entstehen" oder „die in der Marketingabteilung geben nur unser Geld aus" umreißen. Daraus läßt sich schließen, daß oftmals der produktive Nutzen nicht (richtig) erkannt wird.

Definiert man wissenschaftlich mit Hinterhuber (1992, S. 20) „Strategische Unternehmensführung" als „die Gesamtheit der Entscheidungs- und Handlungshilfen sowie Einstellungen, mit denen die Unternehmung in einer turbulenten Umwelt Wettbewerbsvorteile erzielen und ihren Wert steigern kann" und es darum geht, „Fähigkeiten zu entwickeln und zu nutzen, mit denen die Unternehmung schneller und besser als die Konkurrenten auf die Veränderungen in der Umwelt anworten kann", dann wird damit der Kern unternehmerischer Existenz beschrieben, nämlich sich mit Wettbewerbsvorsprung in Märkten zu behaupten. Und dieser erfolgt über die beschriebenen Etablierungsschritte eines Unternehmens!

Wie bereits herausgearbeitet, bin ich der Auffassung, daß in immer komplexeren und vernetzteren Beziehungssystemen eines Unternehmens die Grenzen zwischen volkswirtschaftlichen und betriebswirtschaftlichen oder nur rein absatzinstrumentellen Denkansätzen verschwimmen und die Kausalketten im Sinne effektiven Managements auch ganzheitlich übergreifend gesehen werden müssen. Den „Markt" möchte ich daher im Sinne des Stakeholder-Ansatzes sehen, nämlich als die

Gesamtheit aller Abnehmer und sonstigen Marktpartner, die mit einem Unternehmen unter Berücksichtigung der dort herrschenden volks- und betriebswirtschaftlichen Prozesse in Beziehung stehen und sich einen irgendwie gearteten Nutzen vom Unternehmen erwarten.

Richtigerweise ist Marketing dann aber weit mehr als „Absatzmanagement": der zentrale, alle Kräfte in Richtung Markt/ Marktpartner bündelnde Management-Faktor unternehmerischer Leistung. „Marketing" sollte in allen Bereichen im Unternehmen gedacht und gelebt werden und sich im Kopf eines jeden Mitarbeiters im Unternehmen abspielen. Marketing ist damit Kultur und Funktion in einer Führungskonzeption der Zukunft und damit Promotor modernen Business Reengineerings.

Die erörterten Denkansätze und komplexen Beziehungen möchte ich in Abbildung 4 anhand des Denkmodells „Unternehmens-Markt-System" nochmals graphisch verdeutlichen.

Das Denkmodell zeigt die Unternehmens-Markt-Beziehung auf wenige aber zentrale Erfolgsfaktoren reduziert im Sinne der dargestellten Auffassung.

Der *Markt* und seine Stakeholder werden einerseits geprägt durch deren Bedarf, der aber erst als Nachfrage im Sinne realisierten, bezahlten Bedarfs für ein Unternehmen rentabel und damit Planungsgröße sein kann. Andererseits muß proaktives Marketing parallel latente Bedürfnisse für die Marktentwicklung der Zukunft suchen und aufgreifen.

Das *Unternehmen* bietet dem Markt umfassende „Hard- und Softwareleistungen" zu bestimmten Konditionen mit einem individuellen Image, welches durch Leistung, Kondition, besonders aber Unternehmenskultur und Corporate Identity

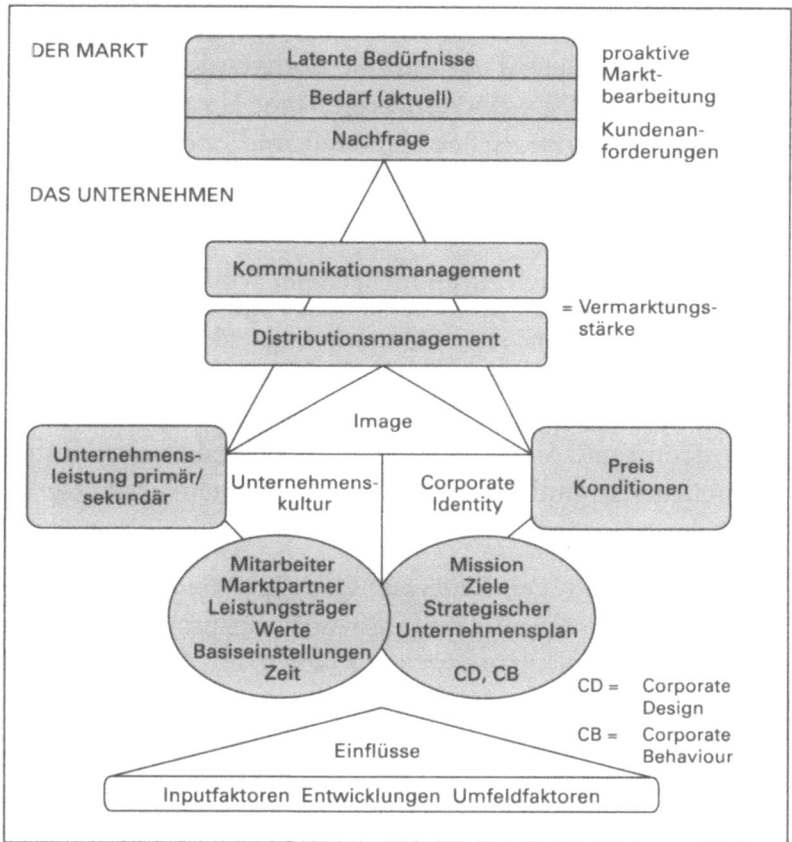

Abbildung 4: Unternehmens-Markt-System

geprägt wird. Leistung, Kondition und Image stehen über Kommunikation und Distribution in Verbindung mit dem Markt und bilden so mit diesem ein geschlossenes System, einen Beziehungskreislauf von vitaler Performance und Status. Die Bedürfnisintensität des Marktes und die dynamischen Impulse durch das Unternehmen steuern iterativ Umfang und Qualität der Unternehmensfunktionen und -instrumente.

Marketing-Management kann nur dann erfolgreich sein, wenn ein Unternehmen und alle seine „Köpfe" ganzheitlich und konsequent auf den Markt und die dortigen Kundengruppen ausgerichtet wird. Es gibt also keine Frage Unternehmensführung und/oder strategisches Marketing und/oder strategisches Controlling. Moderne Unternehmensführung muß im Sinne von „Marktorientierungsmanagement" alles auf einmal sein.

Marketing möchte ich zusammenfassend wie folgt *definieren*:

1. Marketing ist eine unternehmerische Denkhaltung, die von jedem Mitarbeiter bezogen auf seine individuelle Aufgabe vor dem Hintergrund des Ganzen begriffen und gelebt werden muß. Sie ist auf allen Ebenen praktiziertes Entrepreneurship und Teil der CI und Unternehmenskultur als „Value Mission".

2. Marketing ist ganzheitliches Planungs- und Führungsinstrument für einen Leistungs-Austauschprozeß zwischen einzelnen Marktpartnern (= Kunden im weiteren Sinne = Stakeholders) zum gemeinsamen Erfolg ist. Maximaler Nutzen eines jeden Stakeholder ist das Ziel des Marketing-Management.

3. Marketing ist des weiteren das ganzheitliche Ausrichten der gesamten Leistungsprozeß- und Wertschöpfungskette eines Unternehmens auf spezifische Märkte und die dortigen Marktpartner mit dem Ziel, mit Hilfe geeigneter Management- und Führungsinstrumente einerseits den dort vorhandenen Kundenbedarf bestmöglich zu erfüllen und andererseits latente Kundenbedürfnisse „vor" dem Kunden zu erkennen und daraus antizipativ Leistungen für den Bedarf von morgen zu entwickeln.

Ich habe den erarbeiteten Marketing-Management-Ansatz in Abbildung 5 graphisch in ein Managementmodell umgesetzt. Darin ist der betriebswirtschaftlich-funktionale, marketinginstrumentelle sowie volkswirtschaftliche Ansatz integriert. Das Marketing steht im Kreuzungspunkt aller Schnittstellen eines Unternehmens und verbindet alle Funktionen mit Hilfe der Marketing-Instrumente wo immer sinnvoll beziehungsweise nötig mit dem Markt. Das Marketingdenken wird damit Teil aller Bereiche eines Unternehmens. Es steuert dialogorientiert die Produktion ebenso wie die human resources, die F & E wie das Finanz- und Rechnungswesen in Richtung Markt- und Kundenetablierung des ganzen Unternehmens.

Wie läßt sich dieses Modell in ein Planungssystem für die Erarbeitung einer Marketingkonzeption umsetzen?

Bitte stellen Sie sich bildhaft die Fenster-Menü-Technik von Computer-Software-Programmen vor. In Abbildung 6 stelle ich ein Kultursystem in fünf Planungsebenen vor. Jede Planungsstufe eines Marketing-Konzepts wird aus der jeweils übergeordneten abgeleitet, kann diese jedoch in der Rückkoppelung iterativ wieder beeinflussen. Übergeordnete und generelle Planungsgröße ist das Unternehmenskonzept, das im wesentlichen die zentrale Unternehmensvision, die Unternehmensleitbilder und -ziele enthält. Die Umsetzung der „Value Mission" erfolgt prozeßorientiert unter Koordination des integrierten Marketing mittels differenzierter Strategien, einem strategischen „Denk- und Werkzeugkasten" aus möglichen Funktionen und Instrumenten. Auf der zweiten Ebene sind die betriebswirtschaftlichen Funktionen eingeordnet, denen jeweils abgeleitet aus der zentralen Unternehmensplanung mit Hilfe des Marketing spezifische interne und externe Zielsetzungen und Aufgaben zugeordnet sind, zu deren Realisierung und Koordination wiederum Unterstrategien notwendig sind.

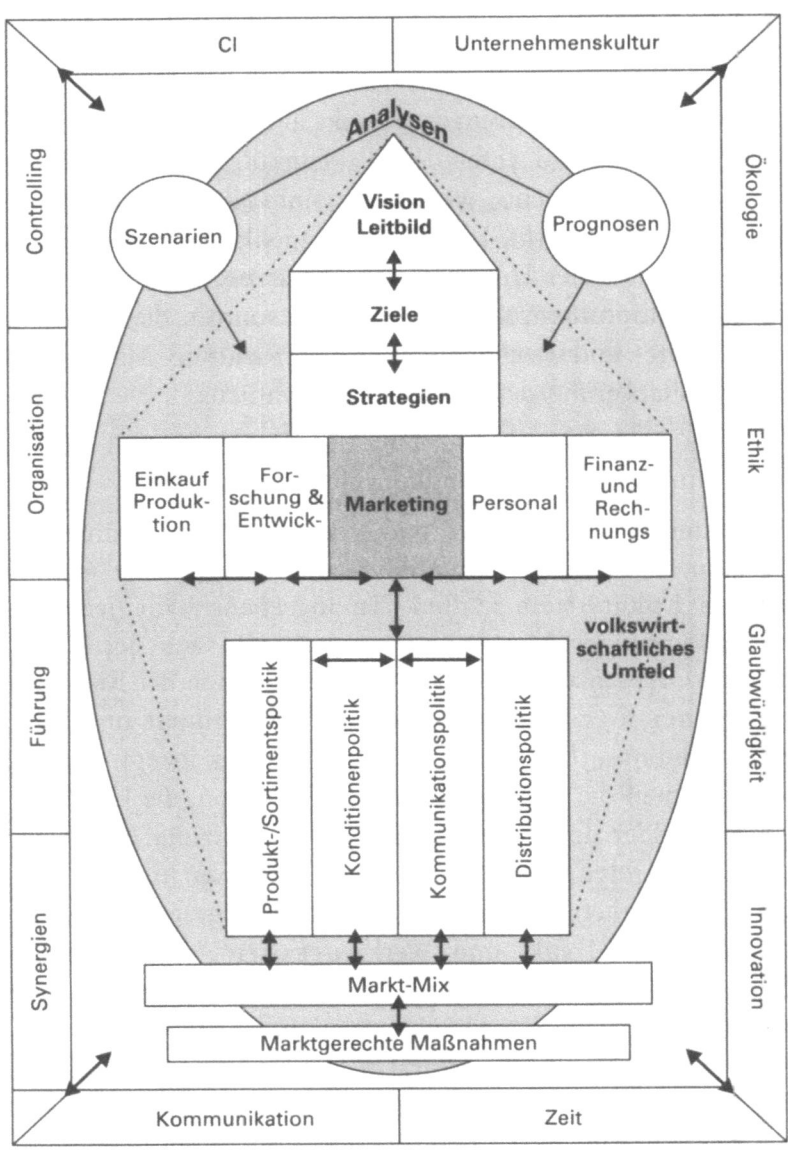

Abbildung 5: Ganzheitliches Marketing-Management-Modell

34 Marktorientierung

Auf der 3. Planungsebene in Abbildung 6 sind die taktischen die Marketinginstrumente gedanklich eingeordnet. Greift man davon zur weiteren Betrachtung beispielhaft die „Kommunikationspolitik" heraus, so sind die Kommunikationsziele eines Unternehmens wiederum durch geeignete kommunikatorische Strategien nach innen und außen umzusetzen. Das Kommunikationsmix kann dann auf der 4. Ebene zum Beispiel aus den klassischen außenorientierten Bereichen wie Werbung, PR, Verkaufsförderung (VKF), Sponsoring, Direktmarketing, Merchandising, Product Placement und neuen wie Workshops, Wertschöpfungspartnerschaft oder Prototyping bestehen. Es kommen aber auch neue innenorientierte Aufgaben der internen Kommunikation wie Beschwerdemanagement, Survey-Feedback, Benutzerforen oder Beratung/Coaching hinzu. Das Kommunikationsmix der 4. Ebene läßt sich auf der 5. Ebene weiter vertiefen. Das Werbekonzept zum Beispiel findet mittels „Copy-Strategie" (das heißt die zentrale Werbebotschaft), der Medienauswahl und dem Werbetiming seine Umsetzung. Die bekannten Marketing-Instrumente haben die Aufgabe, den interaktiven Gedanken taktisch-operativ umsetzen zu helfen. Ob sie künftig in einer Marketing-Abteilung gelebt werden oder in einem erweiterten Lean-Marketing-Gedanken in wertschöpfungsorientierten Portionen dort, wo sie in der jeweiligen Prozeßkette notwendig sind, soll in Kapitel 6 noch diskutiert werden. Das Reengineering braucht beides: Das Umdenken und Umstrukturieren.

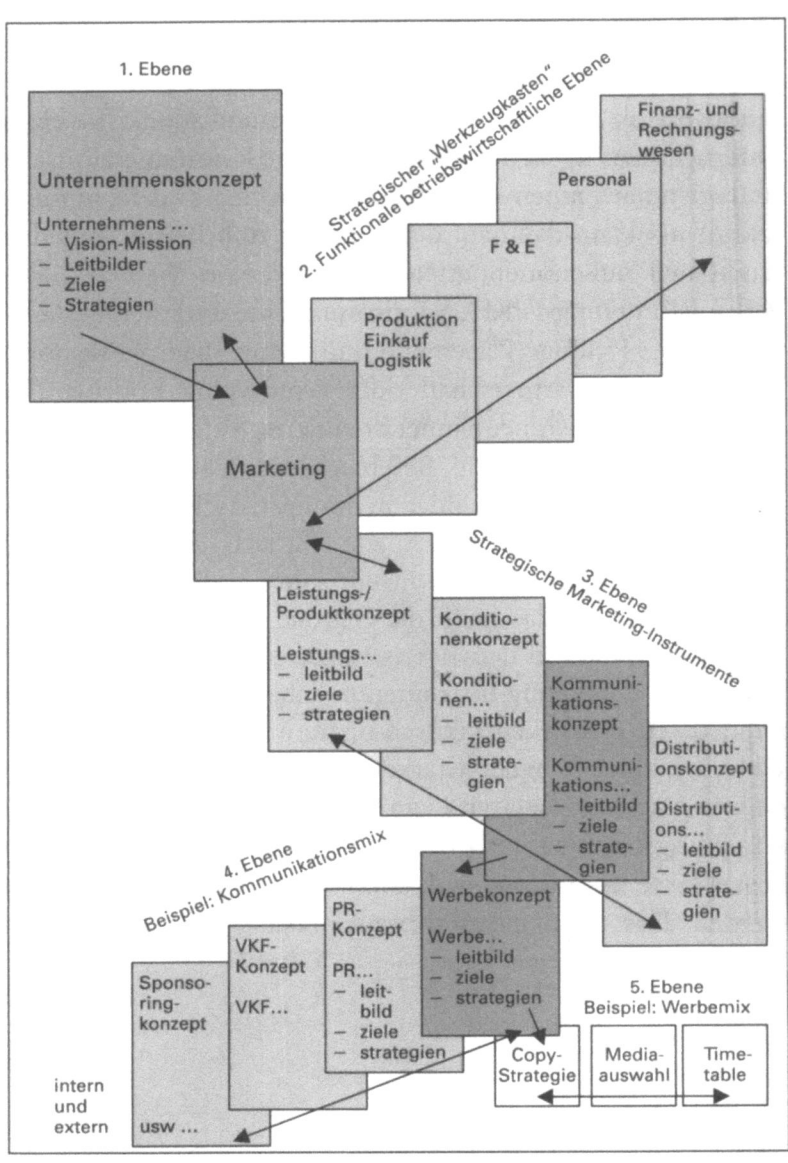

Abbildung 6: Das System der strategischen Planung auf Basis des Marketing-Management-Modells

Was sind die zentralen Marketingaufgaben?

Wir müssen im Rahmen des Reengineering die erläuterte Grundkonzeption und Aufgabe von Marketing als Führungsmotor allen Unternehmensmitgliedern verdeutlichen und (er)lebbar machen. Auf die Umsetzung kommt es an! Wir müssen aufhören, konsequentes Marketing nur zu proklamieren und stattdessen die Marktorientierung im gesamten Unternehmen realisieren. Dabei sind „Marketing-Abteilungen" eher hinderlich als förderlich. Marktorientierte Strukturen sind gefragt! Alle heute diskutierten Ansätze im Bereich des „Reengineering" verlangen alle betrieblichen Funktionen kundenfocussiert zu sehen, was letztlich nichts anderes ist, als den Kerngedanken des erörterten Marketing in den Mittelpunkt unternehmerischer Existenz und Führung zu stellen.

Stichwörter des Reengineerings wie „Prozeßorientierung", „Wertkette", „Total Quality Management", „Lean Management" hätten von Marketingexperten ausgehen müssen. Hier hat Marketing seine Rolle und Aufgabe verkannt oder verpaßt! Um so wichtiger ist es nun, daß Marketing seine Rolle als Motor des Unternehmens endlich aufgreift und in konsequenter Weise übernimmt. Dies erfordert eine Radikalkur im Denken vieler Unternehmen. Es erfordert den Ausbau kunden- und prozeßorientierter Organisationsformen und wirkungsvolles Schnittstellenmanagement mit allen Unternehmensfunktionen zum Beispiel mit Prozeß- und Projekt-Team-Strukturen. Wie im Marketing-Management-Modell gezeigt, ist vor allem die Schnittstellenverbindung von F & E, Beschaffung, Produktion, Personal- und Rechnungswesenfragen herzustellen. Dazu ist es notwendig, alle Einflußvarietäten so umfassend wie möglich zu erkennen, richtig zu beurteilen und jeden Mitarbeiter durch Vorleben und Anleitung zu helfen, diese für seine Aufgabe

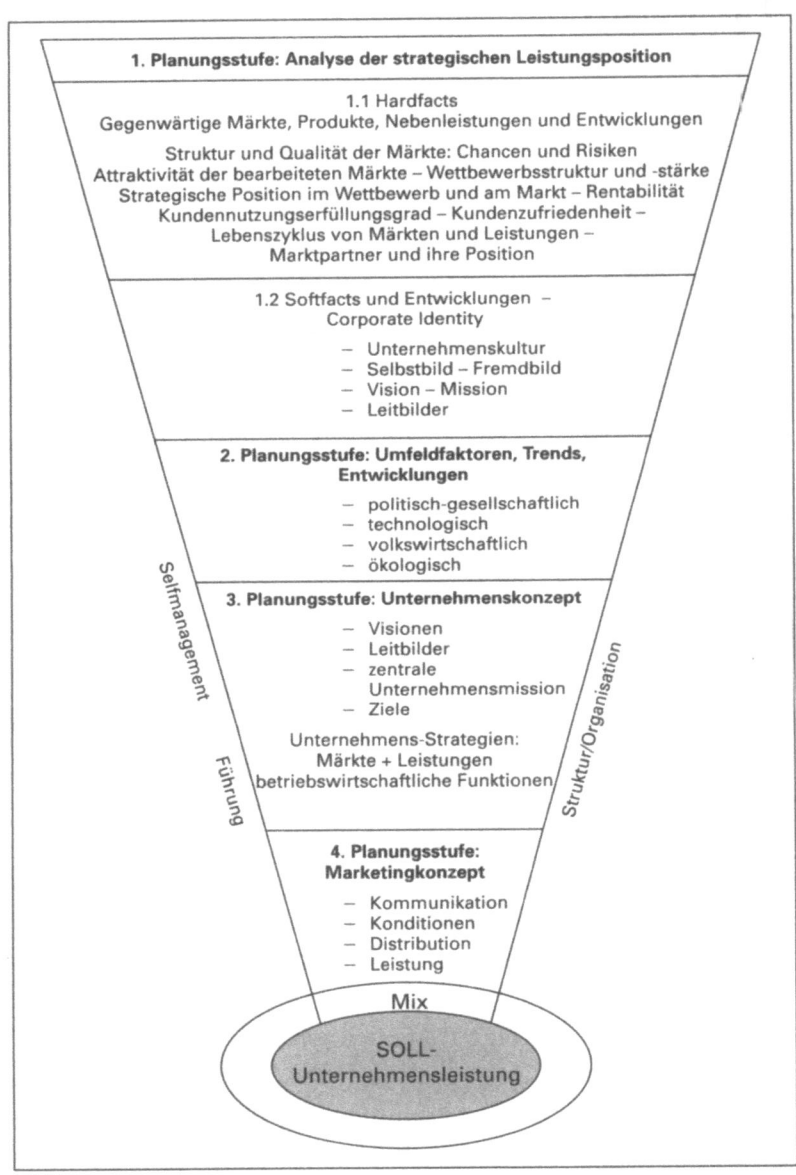

Abbildung 7: Die Leistungsmanagement-Pyramide

fokussiert zu erkennen und im Rahmen der Lösung einsetzen zu können. Grundlage effektiver Strategien sind geeignete Analyseinstrumente, die das relevante betriebs- und volkswirtschaftliche unternehmerische Spielfeld transparent machen und vernetzte Beziehungen und Abhängigkeiten auch in Relation zum Wettbewerb aufzeigen.

Zur Konzeption und Planung nutzenoptimierter Unternehmensleistungen die einen Vorsprung in attraktiven Märkten sichern, kann die „Leistungsmanagement-Pyramide" in Abbildung 7 als „roter Faden" hilfreich sein. Sie zeigt den Planungsweg von der Analyse der IST-Situation aller relevanter Eckdaten eines Unternehmens bis zur Formulierung der künftigen Gesamtunternehmensleistung. Die erste Planungsstufe befaßt sich mit der Ermittlung des Standortes und der Trends des Unternehmens bezogen auf die Hard- und Softfacts. Die zweite Planungsstufe betrifft die Analyse der Umfeldfaktoren und die Entwicklung der strategischen Einflußgrößen. Ab der dritten Planungsstufe werden dann die Erkenntnisse aus den ersten beiden Stufen in die strategischen Planung umgesetzt. In die dritte Planungsstufe kann – beginnend mit dem Unternehmenskonzept – auch Abbildung 4 eingesetzt werden. Der Führungskreislauf schließt sich von der Analyse über die Planung, Realisierung, Organisation und Controlling. Die strategieorientierte Gewinnung und Aufbereitung von Markt-Informationen sowie Planung der ist ein wesentlicher Teil der Leistungspyramide. Die Planung vitaler Unternehmensperformance, der Dynamisierung der Märkte und langfristigen Marktstatus benötigt moderne Analyse- und Planungsinstrumente die komplexe Vernetzungen von Hard- und Softfacts bewältigen können. Reengineering fängt damit auf unterster Ebene bereits mit der Schaffung und Nutzung integrierenden Tools an.

2 Portfolio-Management in neuer Dimension

Portfoliomanagement ist ein strategisches Planungsinstrument, das sich gerade für komplexe Systeme besonders eignet. Seine Möglichkeiten und Grenzen sind noch bei weitem nicht ausgeschöpft. Die Portfolio-Methode ist vor allem ein „Fragengenerator", der komplexe Zusammenhänge graphisch aufzeigt und dazu anregt, alle möglichen Ursache-Wirkungsbeziehungen sowie Abhängigkeiten zu hinterfragen und zukunfts- und strategieorientiert zu denken. Dieses Hinterfragen und Ausdiskutieren verhilft die Strukturen und Funktionsweisen von Unternehmen und Marktgeschehen besser zu verstehen, die Planungsqualität zu steigern und die Kommunikation im Unternehmen zu verbessern, um anstehende Probleme schneller auszumachen und gezielt und selektiv Maßnahmen zu ergreifen.

Traditionelle Instrumente sind problematisch

Traditionelle Portfoliomethoden werden der gegenwärtig komplexen Fülle von Varietäten nicht immer gerecht. Dies führt vielfach zu berechtigter Kritik und stellt den Nutzen des Portfoliomanagements oft in Frage. Kritik wird dabei vor allem geäußert,

- ▶ weil sich Unternehmen all zu sehr auf die Beobachtung des Marktanteilswachstums und den Einstieg in wachstumsintensive Branchen konzentriert und dabei das Management vorhandener Geschäftseinheiten beziehungsweise Leistungen vernachlässigt haben;

▶ weil die Ergebnisse, die eine Portfolioanalyse liefert, stark von den Bewertungen und Gewichtungen sowie der quantitativen und qualitativen Auswahl einzelner Faktoren und den Bewertungspersonen abhängen und wie man eine Position zur gewünschten in der Matrix hinmanipuliert;

▶ weil oftmals auch unbegründete Kompromißbewertungen eine Rolle spielen und bei der Indexberechnung ein Durchschnittswert über viele Faktoren erarbeitet wird und dadurch die Gefahr einer Clusterbildung der Bewertungsbereiche in der Matrix entsteht, obwohl einzelne Bewertungsfaktoren und Gewichtungen stark voneinander abweichen;

▶ weil synergetische Wechselwirkungen und Vernetzungen zwischen den einzelnen Beurteilungsbereichen unberücksichtigt bleiben, so daß unabhängige Strategien riskant sein können;

▶ weil letztlich auch der Interpretation der Ergebnisse eine entscheidende Rolle zukommt. Die schemenartige Anwendung von „Grundsatzstrategien" für bestimmte Matrixbereiche ist hier eine große Gefahr. Gerade weil auch die Portfoliomethode nur in der synergetischen Interpretation vieler Analyseinstrumente und vernetzter Varietäten Sinn macht, kann jeder Matrixpunkt grundsätzlich nur eine situativ-selektiv-individuelle Strategie ergeben.

Grundlage für den Portfolio-Ansatz bilden die Produkt-/ Marktlebenszyklen. Solche Zyklen spiegeln ganz individuell für Unternehmen, Märkte, Branchen oder Leistungen Entwicklung und Stabilität wider, sind aber schwer prognostizierbar.

Da die Portfoliomethode vor allem auf Lebenszyklus-Erfahrungen aufbaut, muß die Kritik bereits bei dieser Methode ansetzen. Das Produkt-Lebenszyklus-Konzept (PLC) ist geeignet als Planungsinstrument, da es im Marketing wichtige grundsätzliche Aufgabenstellungen in einzelnen Lebenszyklusphasen und mögliche strategische Alternativen aufzeigt. Nützlich ist das PLC auch als Kontrollinstrument zum Ex-post-Vergleich mit ähnlichen, früheren Produkten. Aber auch das ist bereits sehr gefährlich, weil die Rahmenbedingungen heute nicht mehr die gleichen sind. Oft wird das PLC aber als Prognoseinstrument für Marketingmaßnahmen eingesetzt. Das ist bedenklich, da die PLC-Entwicklung nicht nach schematisierbaren Mustern ablaufen kann und die Zyklen von unterschiedlicher Dauer sind. Die Fülle und Komplexität der Einflußvariablen und -varietäten führen dazu, daß der Lebenszyklus keine festgelegte Folge von Einzelphasen mit einer festgelegten Dauer durchläuft und auch der Marketing-Fachmann selten weiß, wo sich sein Produkt befindet. Jede Marketing-Strategie ist individuell zu bewerten und im Zusammenspiel mit allen Umfeldeinflüssen und direkten Steuerungsmaßnahmen zu sehen und zu interpretieren. Der Lebenszyklus ist daher das Ergebnis dieser Einflußfaktoren und nicht ihre Ursache.

Neuer Portfolioansatz

Mit Hilfe einer Weiterentwicklung sollen die aufgezeigten kritischen Punkte beseitigt beziehungsweise einschränkt werden und den effektiven Nutzen der Methode erneut in den Vordergrund rücken. Wichtig ist aber darauf hinzuweisen, daß selbst bestmögliche Tools unternehmerische Entscheide höchstens qualifiziert unterstützen, nicht aber ersetzen können und daß auch diese Weiterentwicklung letztlich nur ein Fragengenerator darstellt.

Portfoliomanagement heißt für ein Unternehmen, seine vielfältigen geschäftlichen Aktivitäten in der Weise zu gestalten, daß es vor einem größeren Zeit- und Wirkungshorizont in der Lage ist, erfolgreich zu bestehen. Der Portfolio-Ansatz beruht auf dem Gedanken, daß ein Unternehmen eine optimale Mischung von Geschäftsaktivitäten unter folgenden Kriterien haben sollte:

- Besetzung attraktiver Märkte
- Vorsprung vor dem Wettbewerb beziehungsweise Umgehung des Wettbewerbs
- Risikostreuung
- Ertragschancen
- Wachstumschancen
- Finanzierbarkeit

Wichtig im Portfoliomanagement ist das Bewußtsein, daß es keine „guten" oder „schlechten" Lebenszyklusphasen gibt, sondern höchstens entsprechend der jeweiligen Phase und der ganz individuellen Bedingungen nicht angepaßte Strategien angewendet werden. Damit wende ich mich gegen die Anwendung solcher Portfoliomethoden, die mit – auch wenn nur grundsätzlich – automatisch schematischen Strategieableitungen aus einzelnen Portfoliopositionen arbeiten, denn solche rezeptartigen Schlußfolgerungen gibt es nicht. Wird dies beachtet, kann die Portfoliomethode auf Basis der darzustellenden POMPAS-Methode ein wissenschaftlich fundiertes und doch kreatives und praxisgerechtes Instrument sein. Die analytischen und strategischen Fähigkeit der Anwender werden geschärft und befähigt, komplexe und komplizierte Entscheidungen auf einer fundierten Datenbasis auszudiskutieren und nicht nur auf Gefühlen und Eindrücken aufzubauen.

Portfoliomethode POMPAS

Auswahl der Untersuchungsbereiche

Zu Beginn einer Portfolioanalyse wird das Untersuchungsfeld genau abgesteckt. Als Untersuchungsfelder stehen zum Beispiel

- strategische Geschäftfelder,
- strategische Geschäftseinheiten,
- Produkte (Haupt- oder Nebenleistung), Leistungssysteme,

zur Wahl. Auch ist zu fragen,

- in welchem Markt (Teilmarkt, Segment etc) und
- gegenüber welchen Wettbewerbern

die Portfoliountersuchung stattfinden soll.

Diese Einstiegsplanung ist besonders sorgfältig durchzuführen. Nur ein klar definiertes und und zu anderen Bereichen deutlich abgrenzbares Untersuchungsfeld führt über die Portfolioplanung zu verwertbaren und wertvollen Erkennissen.

Qualität der Bewertungsfaktoren

Wie bereits dargestellt, verwenden traditionelle Portfoliomethoden meist nur zwei oder drei Kriterien für die X- bzw- Y-Koordinatenachse zur Erarbeitung der Koordinatenachswerte; meist mit der Begründung, man konzentriere sich extra auf die augenfällig wichtigsten Kriterien und diese würden dann auch extremere beziehungsweise differenziertere Positionen auf den Portfolio-Koordinaten ergeben und eine Clusterbildung im Mittelfeld des Portfolios vermeiden.

Diese Argumentation ist sicher nicht unrichtig, weil oft die Zeit für eine vertiefte Analyse gering ist und man nur eine erste Grobpositionierung oder bewußt eine Polarisierung erzielen will. Man übersieht dabei aber die Gefahr, daß man hierdurch gerne standardartig immer wieder auf einige wenige Achskriterien wie zum Beispiel Marktwachstum im Rahmen der „Marktattraktivität" zurückgreift und diese ohne ausreichende Differenzierung hinsichtlich der Spezifitäten einzelner Geschäftsbereiche oder Branchen anwendet. Weniger augenscheinliche, jedoch einflußreiche Faktoren werden nicht so gründlich analysiert, obwohl dies angebracht wäre. Darüber hinaus führt die Polarisierung leicht dazu, die Fülle vernetzter und komplexer Einflußfaktoren möglichst realitätsnah zu berücksichtigen. Gegen viele Bewertungskriterien wird zumeist vorgebracht, daß sich viele Einflußfaktoren arithmetisch ausgleichen und dann zu geringen Polaritäten führen. Diese Nivellungsgefahr steht weit hinter dem Vorteil der umfassenden ganzheitlichen – zugegebenermaßen aufwendigen – Methode zurück. Müssen sich nämlich die Führungskräfte eines Unternehmens die Fülle der Einflußfaktoren, ihr Gewicht und ihren Wirkungsgrad einmal überlegen, finden, diskutieren und bewerten sowie hernach auswerten und Schlußfolgerungen mit Ziel- und Maßnahmenformulierungen ziehen, so durchlaufen sie selbst einen Erkenntnis- und Qualifizierungsprozeß, der ihre strategischen Führungsfähigkeiten in einem hohen Maße fördert. Weniger das Ergebnis, sondern vor allem der gemeinsame Erkenntnisprozeß ist bei POMPAS der entscheidende Nutzen.

Alle Kriterien für die Bewertung der Portfolioachsen sowie die dafür notwendigen Maßstäbe müssen für jedes Unternehmen individuell erarbeitet werden. Es gibt kein Standardrezept!

Dennoch habe ich als Grundlagenmuster einen möglichst umfassenden Basis-Kriterien-Katalog zur Untersuchung der strategischen Position der strategischen Geschäftsfelder (SGF) eines Unternehmens erarbeitet, für die in der Praxis die Portfoliomethode am effektivsten angewendet werden kann. Für beide Portfolioachsen stehen zusammen 46 Bewertungskriterien aus allen Funktions- und Einflußebenen eines Unternehmens zur Verfügung, die im POMPAS Basistool am klassischen Industrieunternehmen ausgerichtet sind. In vielen Unternehmen konnte ich diese 46 Kriterien ohne Veränderung mit sehr gutem Erfolg in Analyseprojekten einsetzen.

Je nach Untersuchungsfeld, zum Beispiel Produkte oder Ländermärkte, müssen die Kriterien individuell erarbeitet werden. Den besten Nutzen – und dies als wichtige Empfehlung – kann der einzelne Anwender dann ziehen, wenn er den angebotenen Kriterien-Katalog als Basis und Anregung nimmt, systematisch durcharbeitet, im Unternehmen ausdiskutiert und auf sein Unternehmen anpaßt und überarbeitet. Hierbei kann er Kriterien, die er für nicht einschlägig hält, weglassen, neue hinzufügen oder vorhandene umformulieren beziehungsweise konkretisieren. Das Tool ist so konzipiert, daß es „mitwächst", ohne deshalb mathematische Probleme aufzuwerfen.

POMPAS-Tool

Nachfolgend stelle ich 46 Bewertungskriterien, 20 zur „Marktattraktivität" und 26 zum „Relativen Wettbewerbsvorteil" vor. Bei der Nutzung des Portfolioinstrumentes POMPAS schlage ich folgende Vorgehensweise vor:

1. Schritt:

In der Projektpraxis zeigt sich, daß die Aufstellung beziehungsweise Individualisierung der Bewertungskriterien pro Koordinatenachse sowie die Definition der dazugehörigen Maßstäbe für die Bewertung ein aufwendiger und oft schwieriger Prozeß ist. Hierzu sollte aber viel Sorgfalt verwendet werden. Die Güte und Aussagekraft der Bewertungsergebnisse dankt dies hernach.

Im erarbeiteten POMPAS-Basis-Kriterien-Katalog sind die einzelnen Bewertungskriterien in der Spalte „Richtlinie" näher definiert und dazu Bewertungsraster entwickelt, denen in der Spalte „Bewertung" Werte zwischen 1 und 10 zugeordnet sind, von denen sich der Bearbeiter je nach Tendenz für eine glatte Zahl festlegen muß.

Was die Bewertungsvorschläge betrifft, so können auch diese je nach Unternehmens-Markt-Situation verändert werden. So wurde zum Beispiel in Frage 10 „Eintrittsbarrieren" angenommen, daß hohe Eintrittsbarrieren zur Marktverteidigung gut sind, und deshalb die Antwort „wesentliche Restriktionen" mit Bewertungspunkte zwischen 8 und 10 vorgeschlagen. Aus Sicht des Existenzgründers mag dies gerade andersherum positiv erscheinen, doch bedenke auch dieser, bevor er die Bewertungsvorschläge verändert, ob ein Markt, in den jeder problemlos eindringen kann, für ihn auch dann noch gut ist, wenn er drin ist und sich plötzlich einem Polypolmarkt gegenübersieht. Hier ist Weitsichtigkeit strategisch besser, als kurzfristige Punkterfolge zu errechnen.

Wichtiger Praxistip:

Auch wenn man den Kriterienkatalog zum Einstieg problemlos alleine bearbeiten kann, so zeigt die Praxis, daß dies dann meist nur zu einer ersten (Bauch-)Schätzung führt. Die Fülle der angesprochenen unterschiedlichen Themen und der eventuell Überarbeitungsbedarf des Standard-Tools rufen nach der Hilfe des jeweiligen Insiders und Spezialisten. Um die Punktbewertung manch einer Frage fundiert abgeben zu können, sind oft umfangreiche weitergehende Auswertung von zumindest Sekundärdatenmaterial notwendig.

Eine aufwendige Vorgehensweise, die alle ausgezeichneten Ergebnisse liefert: Das Unternehmen bildet für die Durchführung der Portfolio-Analyse ein Projektteam, das sich aus den unterschiedlichsten Fachbereichen des Unternehmens zusammensetzt, also vom Controller bis zum Außendienstmitarbeiter auf einen Querschnitt der Sichtweisen und Erfahrungen zurückgreift. Die Teamgröße hängt von der Größe eines Unternehmens, seine Geschäftsbereiche, der Märkte und seiner Strukturen ab. Im Team kann die vertieftere Bearbeitung einer einzelnen Frage einem Spezialisten oder Referenten übertragen werden, der in einer weiteren Projektsitzung seine Ergebnisse präsentiert und zur Gesamtdiskussion stellt.

Die abschließenden Bewertungen sollten dann in verdeckten Abstimmungen von allen Teammitarbeitern abgegeben und daraus das arithmetische Mittel errechnet werden.

Hilfreich für den Gesamtprozeß ist der externe Moderator, der den Gesamtprozeß beherrscht, neutral, ohne „Betriebsblindheit" und damit effektiv und effizient die Teilnehmer steuert,

Aufgaben vergibt und Diskussionen so leitet, daß sie sich nicht verlieren.

Der Aufwand bei einer Erstbearbeitung lohnt sich, da die erarbeitete und dokumentierte Datenbasis hernach ein ausgezeichnetes Controlling-Instrument darstellt, das bei regelmäßiger Nutzung mit relativ weniger Aufwand eine aktuelle strategische Planungsgrundlage ist.

Dem 16-Seiten-Kriterienkatalog folgen zwei Auswertungsbögen für die „Marktattraktivität" und den „Relativen Wettbewerbsvorteil", in der alle Bewertungskriterien nochmals in Kurzform aufgenommen sind. Die jeweils erarbeiteten Bewertungswerte sind in die Spalte „Bewertungsfaktor BF" zu übernehmen.

2. Schritt:

Nunmehr sind alle bewerteten Kriterien hinsichtlich ihrer Bedeutung und Einflußstärke für den Markt beziehungsweise die Wettbewerbssituation zu gewichten.

Hierbei sind jeweils 100-Prozent-Punkte pro Koordinatenachse, also für die Y-Achse (Marktattraktivität) und X-Achse (Relativer Wettbewerbsvorteil), den einzelnen erarbeiteten Bewertungskriterien zuzuordnen.

In der Praxis empfehle ich so vorzugehen, daß zunächst die einzelnen Bewertungskriterien der Portfolioachsen in eine lineare Reihenfolge ihrer Prioritäten gebracht werden. Danach werden die prozentualen Gewichtungen vergeben, wobei eine lineare Prozentpunktverteilung möglich ist, in der Praxis aber selten der Realität entspricht. Gewichtungen beziehungsweise Prioritäten sind dort selten linear gleichmäßig, sondern ganz unregelmäßig. Insofern beginnt man am besten mit dem wichtigsten Kriterium und seinem Einfluß und setzt dementsprechend den höchsten Prozentwert fest. Danach gewichtet man das am wenigsten wichtige Kriterium mit einem unteren Wert und gewichtet letztlich alle anderen Bewertungskriterien mit größeren oder kleineren Wertdifferenzen zwischen den beiden Eckwerten.

3. Schritt:

Die Bewertungsfaktoren BF sind nunmehr mit den jeweiligen Prozent-Werten zu multiplizieren und die Ergebnisse in der letzten Spalte unter „Relative Bewertung" einzutragen. Die Summe aller Ergebnisse multipliziert mit $^{10}/_{100}$ in dieser Spalte ergibt dann den Y-Wert (= maximal 100) beziehungsweise den X-Wert.

4. Schritt:

Die gewonnenen Koordinaten ergeben den „Basispunkt", wie ich ihn hier nennen möchte: Die Basispunkte werden in das Portfolio eingetragen. Für das Portfolio wurde die Neun-Felder-Portfolio-Matrix als zweidimensionale Arbeitsgrundlage mit je 100 Punkten pro Achse verwendet.

Nicht das Ergebnis, sondern vor allem der dorthin im Unternehmen beschrittene Erkenntnis- und Qualifizierungsprozeß, den die beteiligten Mitarbeiter in einem Unternehmen durchlaufen, ist der eigentliche Gewinn der vorgestellten Methode und rechtfertigt daher auch den teilweise hohen Analyseaufwand!

Das nachfolgende POMPAS-TOOL umfaßt folgende Teile:

▶ Den Katalog der 46 Basiskriterien.
▶ Je ein Auswertungsbogen für die „Marktattraktivität" und den „Relativen Wettbewerbsvorteil".
▶ Eine Portfoliomatrix zur Eintragung der erarbeiteten Koordinatenpunkte für die jeweiligen Untersuchungsfelder.

Kriterien für die Bewertung der Marktattraktivität und für die Bewertung des relativen Wettbewerbsvorteils

1. Bewertung der Marktattraktivität

Frage	Gruppe/Bewertungskriterium	Richtlinie	Bewertung	Gewichtung max. 100 %	relative Bewertung Bewertung x Gewichtung
		Marktwachstung und Marktgröße			
1	**Sättigungsgrad des Branchenmarktes:** Relation von Marktpotential zu Marktvolumen; quantitative Wachstumschancen	Zusätzliches Marktpotential in Relation zum Marktvolumen | Marktvolumen | hoch | mittel | klein-0 | | hoch | 8-10 | 6-7 | 3-5 | | mittel | 6-7 | 3-5 | 2-3 | | klein | 3-5 | 2-3 | 1-2 | In Relation zu möglichen Alternativbranchen (d. h. solche Branchen, die ähnlichen und vergleichbaren Machtcharakteristika unterliegen)			
2	**Durchschnittliche Wachstumsrate der Branche**	Umsatz- oder Mengenentwicklung der Branche: – rückläufig – stagnierend bis leicht steigend – stark wachsend	1–3 4–7 8–10		
		Marktqualität			
3	**Rentabilität der Branche**	Rentabilität: Verhältnis von Erfolg zu eingesetztem Kapital im Vergleich zu anderen (Alternativ-)Branchen – geringe Rentabilität – durchschnittliche Rentabilität – hohe Rentabilität	1–3 4–7 8–10		

Portfolio-Management

4	**Marktlebenszyklus:** Zukunftsentwicklung und Zukunftschancen des Marktes	In welcher Lebenszyklusphase befindet sich die Branche? Ist Marktzyklus der Branche von wesentlicher Innovation gekennzeichnet? **Umsatz** | E | W | R | S | D | Einführung – Wachstum Reife – Sättigung Degeneration		8–10 4–7 1–3
5	**Preispolitische Sensibilität des Marktes: Preispolitische Spielräume**	Aufgrund der Wettbewerbssituation am Markt besteht: – hoher preispolitischer Spielraum: weitgehend preisunelastischer Markt – mittlerer preispolitischer Spielraum – geringer preispolitischer Spielraum: weitgehend preiselastischer Markt		8–10 4–7 1–3
6	**Leistungsanforderungen des Marktes:** zum Beispiel technologisches Niveau und Niveau der Produkt-/ Leistungsinnovation	Anforderungen an F & E und Produkt-/ Leistungspolitik in der Fertigung: – sehr hohe Anforderungen – mittlere Anforderungen – geringe Anforderungen		1–3 4–7 8–10

Portfoliomethode POMPAS 53

7	**Folgebarrieren, um im Markt zu bleiben: Investitionen in „Hard-" und „Software"**	Durchschnittliche Höhe der Folgeinvestitionen (nicht Erstinvestition) der Branche, um Marktvolumen aufrechtzuerhalten: – hoch – mittel – gering	1–3 4–7 8–10
8	**Wettbewerbsintensität**	Relative Marktanteile der Branchenmitglieder sind – ungefährdet – umkämpft – stark umkämpft	8–10 4–7 1–3
9	**Anzahl und Struktur der Abnehmer Marktstrukturqualität**	Abnehmer | | viele | mittel | wenige | | --- | --- | --- | --- | | struktiv differenziert | 8–10 | 6–7 | 3–5 | | mittel diff. | 6–7 | 3–5 | 2–3 | | kaum diff. | 3–5 | 2–3 | 1–2 |	
10	**Eintrittsbarrieren**	Wesentliche sonstige Restriktionen, die für diese Branche ausschlaggebend für den Markteintritt sind (zum Beispiel: Erstinvestitionen, Vertriebserfordernisse, Rückflußdauer der investierten Mittel, Finanzkraft, Risikobereitschaft, ökologisch bedingte Maßnahmen etc.) und noch nicht in anderen Kriterien der Marktattraktivität berücksichtigt wurden: – wesentliche sonstige Restriktionen – bedingt relevante sonstige Restriktionen – keine sonstigen Restriktionen	8–10 4–7 1–3

11	**Nebenleistungen**	Bezüglich der Nebenleistungen und Auftragsabwicklung (wie Akquisition, Beratung, Montage, Lieferbedingungen) erforderlich: – hohe Nebenleistungsintensität – mittlere Nebenleistungsintensität – geringe Nebenleistungsintensität	8–10 4–7 1–3
	Profilierungspotente Erwartungen des Marktes bzw. Kunden neben dem Hauptprodukt		
12	**Substitutionsmöglichkeit**	Möglichkeit, konkreten Bedarf durch anderes Produkt (außerhalb der Produktdefinition) zu befriedigen: – schwer zu substituieren – durch einige Güter zu substituieren – viele andere Möglichkeiten der Bedürfnisbefriedigung	8–10 4–7 1–3
13	**Innovationschancen im besetzten Markt**	Welche Geschäfts-Chancen eröffnet der (im Wandel begriffene) Markt? 1 2 3 4 5 6 7 8 9 10 geringe mittlere hohe	
14	**Innovationshäufigkeit der Branche**	Innovationszyklen von Produkt- oder Verfahrenstechnologie ändern sich ungefähr heute |	kurzfr.	mittelfr.	langfr.
zukünftig			
schneller	8–10	6–7	3–5
gleich	6–7	3–5	2–3
langsamer	3–5	2–3	1–2	 Innovationszyklusentwicklung	

Portfoliomethode POMPAS

			8-10	4-7	1-3
Energie-, Rohstoff- und Arbeitskräfteversorgung					
15	Versorgungsschwierigkeiten in bezug auf die wesentlichen branchentypischen Wertschöpfungsfaktoren	Sind in der fraglichen Zeit diesbezüglich Schwierigkeiten in der Branche zu erwarten? Welche Ressourcen sind branchentypisch am wichtigsten? – größere Schwierigkeiten für Mitbewerber – Schwierigkeiten für alle ungefähr gleich – größere Schwierigkeiten für eigenes Unternehmen			
16	Beeinträchtigung der Wirtschaftlichkeit durch Erhöhung der Faktorpreise	Vorhersehbare Veränderungen auf den Faktorenmärkten werden die Wirtschaftlichkeit wahrscheinlich überwiegend: – positiv beeinflussen – nicht beeinflussen – negativ beeinflussen			
17	Existenz alternativer Techniken, Rohstoffe und Energieträger	Das Produkt läßt sich mit Hilfe alternativer Techniken, Rohstoffe bzw. Energieträger herstellen: – kaum – auch – sehr leicht			
Umfeldsituation					
18	Konjunkturabhängigkeit der Branche	– keine Konjunkturabhängigkeit – mittlere – starke			
19	Abhängigkeit von der Gesetzgebung	Die zu erwartenden Einflüsse von Gesetzen werden sich überwiegend auswirken – positiv – indifferent – negativ			
20	Abhängigkeit von der öffentlichen Meinung und Einstellung sowie politischen Strömungen Ökologische Anforderungen	Die zu erwartenden Einflüsse der öffentlichen Einstellung werden sich insgesamt auswirken – positiv – indifferent – negativ			

Portfolio-Management

Frage	Gruppe/Bewertungskriterium	Richtlinie	Bewertung	Gewichtung max. 100 %	relative Bewertung	relative Bewertung x Gewichtung
		2. Bewertung des relativen Wettbewerbsvorteils				
		Relative Marktposition				
21	Marktanteil und dessen Entwicklung	im Verhältnis zum stärksten Mitbewerber Marktanteil der SGE | Relative Entwicklung des Marktanteils der SGE	wächst:	größer	gleich	kleiner | |---|---|---|---| | stärker | 8–10 | 6–7 | 3–5 | | gleich | 6–7 | 3–5 | 2–3 | | geringer | 3–5 | 2–3 | 1–2 |				
22	Finanzkraft des Unternehmens aus Eigen- und Fremdmitteln	Das Finanzpotential, das der SGE/dem Unternehmen im Verhältnis zum stärksten Mitbewerber zur Verfügung steht, ist: – größer – ungefähr gleich groß – kleiner	8–10 4–7 1–3			
23	Absolute Kundennutzen-Potentiale	HOHER Kundennutzen = wir kennen unsere Kunden, wissen genug über sie, treffen voll den Bedarf MITTLERER Kundennutzen = wir wissen viel, aber nicht alles über unsere Kunden; trotzdem verschenken wir Marktanteilschancen, weil wir den Bedarf nicht immer erfüllen NIEDRIGER Kundennutzen = was wir dem Kunden zu verkaufen haben, trifft selten seinen Bedarf; wir wissen wenig über unsere Kunden	8–10 4–7 1–3			

24	Relativer Kundennutzen	HOCH = wir kennen unsere Kunden besser als die Konkurrenz und treffen besser den Bedarf	8–10
		MITTEL = wir wissen genausoviel über unsere Kunden wie die Konkurrenz und erfüllen den Bedarf gleich gut/gleich schlecht	4–7
		NIEDRIG = wir wissen weniger über unsere Kunden als die Konkurrenz und erfüllen den Bedarf schlechter	1–3
25	Marketing Potential	Qualität der Marketingstrategien, genutztes absatzpolitisches Management-Instrumentarium, Akquisitionsverbindungen, Organisationen etc. sind eher: – besser – gleich – ungünstiger als bei der Konkurrenz	8–10 4–7 1–3
26	Kundenbindung	Die Kundenbindung quantitativ (zum Beispiel langfristiger Verträge) oder qualitativ (zum Beispiel hoher Kundennutzen/-erfolg/-zufriedenheit, Know-how-Vorsprünge, Patente, Urheberrechte), sowohl Kunden als auch Lieferanten gegenüber, sind im Vergleich zum Mitbewerber – günstiger – gleich – ungünstiger	8–10 4–7 1–3
27	Wertschöpfung	Wertschöpfung (Produktionsgesamtwert ./. Vorleistungen, verbrauchsbedingter Abschreibungen und indirekter Steuern) im Vergleich zum stärksten Mitbewerber – günstiger – gleich – ungünstiger	8–10 4–7 1–3

28	**Vertikale Integration** **To Make or to Buy**	Vertikale Integration (optimale Einbindung des Unternehmens in die gesamte Wertschöpfungskette vom Rohstoff bis zum Endkunden bzw. Entsorger/Recycler) birgt Kostenvorteile gegenüber dem stärksten Mitbewerber in sich: – ja – gleich – nein	8–10 4–7 1–3
		Relatives Produktpotential	
29	**Kostenvorteile aufgrund Gesamteffizient des Unternehmens**	Kostenvorteile gegenüber dem stärksten Mitbewerber: – Kostenvorteile – ungefähr gleiche Kosten – höhere Kosten	8–10 4–7 1–3
30	**Kostenvorteile aufgrund der Kapazitätsausnutzung/ hoher Produktivität und günstiger Fertigungstiefe**	Kostenvorteile durch hohe Kapazitätsausnutzung können im Vergleich zum stärksten Mitbewerber erzielt werden: – Kostenvorteile – ungefähr gleiche Kosten – Kostennachteile	8–10 4–7 1–3
31	**Kostenvorteile aufgrund der Produktionsbedingungen**	Ausschlaggebend für solche Kostenvorteile können unter anderem folgende Gegebenheiten sein: Ablauforganisation, Layout der Anlagen, Lagerwirtschaft, Erzeugungstiefe (Wertschöpfung), zentrale oder dezentrale Fertigung, Stillstandzeiten. Im Vergleich zu dem stärksten Mitbewerber: – Kostenvorteile – gleiche Kostensituation – Kostennachteile	8–10 4–7 1–3

Portfoliomethode POMPAS 59

32	Kostenvorteile aufgrund von Lizenzbeziehungen, Nutzungsrechten aus strategischen Allianzen	Verfügbarkeit von kostenoptimalen Technologien, Saldo aus Lizenzverträgen bzw. -kosten gegenüber dem stärksten Mitbewerber: – Kostenvorteile – gleiche Kostensituation – Kostennachteile	8–10 4–7 1–3	
34	Erhaltung der Marktanteile mit den geplanten Produktionskapazitäten	Ist die Erhaltung der Marktanteile in den einzelnen Marktsegmenten mit den vorhandenen beziehungsweise den beschaffbaren Produktionsmitteln im Vergleich zum stärksten Mitbewerber gewährleistet? – besser – gleich – schlechter	8–10 4–7 1–3	
35	Erhaltung der Marktanteile aufgrund der notwendigen Basisressourcen und Produktionsfaktoren wie Energie- und Rohstoffversorgung	Ist anzunehmen, daß die Kosten für die Erhaltung der Marktanteile in den einzelnen Marktsegmenten durch Verknappung von Produktionsfaktoren wie Energie- und Rohstoffverfügbarkeit im Vergleich zu dem stärksten Mitbewerber sich verändern? – weniger – gleich – stärker	8–10 4–7 1–3	
36	Qualität der Nebenleistungen wie Lieferbedingungen, Kundendienst, Service, Beratung	Wie wird die SGE den Marktanforderungen bezüglich Konditionen, Zustellung, Service, Beratung, etc. im Vergleich zu dem stärksten Mitbewerber gerecht: – besser – gleich – schlechter	8–10 4–7 1–3	

37	**Produktivität**	Ist die Gesamtproduktivität aus Produktivität von Arbeit, Zeit, Geld und Wissen – höher – gleich – niedriger als beim stärksten Mitbewerber?	8–10 4–7 1–3			
38	**Personalkosten**	Personalkosten sind aufgrund von Führungssystem, Hierarchiestruktur, Leanmanagement, Personalauslastung, Entlohnungssystem, Schichtbetrieb im Vergleich zum stärksten Mitbewerber: – höher – gleich – niedriger	1–3 4–7 8–10			
		Relatives F & E-Potential				
39	**Forschungs- und Entwicklungspotential** **Technologisches Innovationspotential**	Das Verhältnis gegenüber dem stärksten Mitbewerber ist: – besser – gleich – schlechter	8–10 4–7 1–3			
40	**Innovationskraft im Markt und bei den Marktleistungen**	Innovative Schubladenpläne für die Erschließung neuer Märkte und für neue Marktleistungen sind: – einsatzbereit/in Anwendung – vorhanden – nicht vorhanden/in Entwicklung	8–10 4–7 1–3			

Portfoliomethode POMPAS

41	**Häufigkeit der Markteinführung neuer Produkte** Produktlebenszyklus Innovationsrate	Häufigkeit der Markteinführung neuer Produkte erfolgt im Vergleich zum stärksten Mitbewerber: – öfter – gleich oft – weniger oft	8–10 4–7 1–3	
42	**Projekt- und Prozeßmanagement**	Die Nutzung neuer innovativer Organisationskonzepte wie Projekt- und Prozeßmanagement zur effektiveren und effizienteren Leistungsgestaltung ist im Vergleich zum stärksten Mitbewerber: – besser – gleich – schlechter	8–10 4–7 1–3	
43	**Vorhandensein und Kontinuität von Know-how-Trägern**	Vorhandensein und Kontinuität von Know-how-Trägern weist gegenüber dem stärksten Mitbewerber auf: – geringere Fluktuation – gleiche Fluktuation – höhere Fluktuation	8–10 4–7 1–3	

Portfolio-Management

Frage	Gruppe/Bewertungskriterium	Relative Qualität Human Resources Management		
		Richtlinie		Bewertung
44	Innovationsklima	Werden für Innovation geeignete Organisations- und Managementprinzipien eingesetzt und ist die Fähigkeit der dynamischen Anpassung von Führungssystemen und -strukturen an neue Situationen im Vergleich zu dem stärksten Mitbewerber: – besser – gleich – schlechter		8–10 4–7 1–3
45	Qualität der Manager und Führungskräfte	Kriterien: Ergebnisorientierung und -leistung, Wissen im Bereich der gestellten Aufgaben, Beherrschung der relevanten Management-Werkzeuge, Einsicht in Grundsätze guter Führung, Grad der tatsächlichen und willentlichen Übernahme von Verantwortung im Vergleich zum stärksten Mitbewerber: – wesentlich besser – ungefähr gleich – schlechter		8–10 4–7 1–3
46	Motivationsklima	Besteht ein Klima, das Mitarbeitern einen Rahmen zur Selbstmotivation bietet, das heißt, werden Mitarbeiter zum Beispiel in ihren Stärken gefördert und dort eingesetzt, werden sie gezielt weitergebildet, erfolgt eine offene, prozeßorientierte Kommunikation etc.? – besser – gleich – schlechter als beim stärksten Mitbewerber		8–10 4–7 1–3

Auswertung zu den Kriterien zur Erarbeitung des POMPAS

SGE/Produkt: ─────────────────

1. Bewertungskriterien „Marktattraktivität"			
Bewertungskriterium	Bewertungs-faktor BF	Gewichtung in %	Relative Bewertung
Marktwachstum und Marktgröße 1. Sättigungsgrad des Branchenmarktes 2. Durchschnittliche Wachtumsrate der Branche	①	②	① x ②
Marktqualität 2. Rentabilität der Branche 4. Marktlebenszyklus 5. Preispolitische Sensibilität 6. Leistungsanforderungen des Marktes 7. Folgebarrieren; Investitionsintensität 8. Wettbewerbsintensität 9. Anzahl und Struktur der Abnehmer 10. Eintrittsbarrieren 11. Nebenleistungen 12. Substitutionsmöglichkeiten 13. Innovationschancen des Marktes 14. Innovationshäufigkeiten			
Energie, Rohstoff- und Arbeitskräfte-versorgung 15. Versorgungsschwierigkeiten 16. Faktorpreiselastizität 17. Existenz alternativer Techniken etc.			
Umfeldsituation 18. Konjunkturabhängigkeit der Branche 19. Abhängigkeit von Gesetzgebung 20. Abhängigkeit von öffentlicher Meinung und Politik			
		100	Summe: ③
Berechnung y-Wert		③ x 10/100 = Y	

Portfolio-Management

SGE/Produkt: —————————————————

2. Bewertungskriterien „Relativer Wettbewerbsvorteil"

Bewertungskriterium	Bewertungsfaktor BF	Gewichtung in %	Relative Bewertung
Relative Marktposition 21. Marktanteil und dessen Entwicklung 22. Finanzkraft des Unternehmens 23. Absolute Kundennutzen-Potentiale 24. Relativer Kundennutzen IST 25. Marketing Potential 26. Kundenbindung 27. Wertschöpfung 28. Vertikale Integration	①	i	① x ②
Relatives Produktpotential 29. Kostenvorteile der Modernität der Leistungserstellung 30. Kostenvorteile der Produktivität 31. Kostenvorteile der Produktionsbedingungen 32. Kostenvorteile der Lizenzbeziehungen 33. Kostenvorteile der Standortvorteile 34. Erhaltung der Marktanteile durch Produktionskapazität 35. Erhaltung der Marktanteile durch Basisressourcen 36. Qualität der Nebenleistung 37. Produktivität 38. Personalkosten			
Relatives F & E Potential 39. F & E und Innovationspotential 40. Innovationskraft im Markt/Marktleistungen 41. Häufigkeit der Marktneueinführungen			
Relative Qualität Human Ressources Management 44. Innovationsklima 45. Qualität der Manager und Führungskräfte 46. Motivationsklima			
		100	Summe: ③
Berechnung y-Wert		③ x 10/100 = Y	

Portfoliomethode POMPAS

Portfolioanalyse „POMPAS-Auswertung"

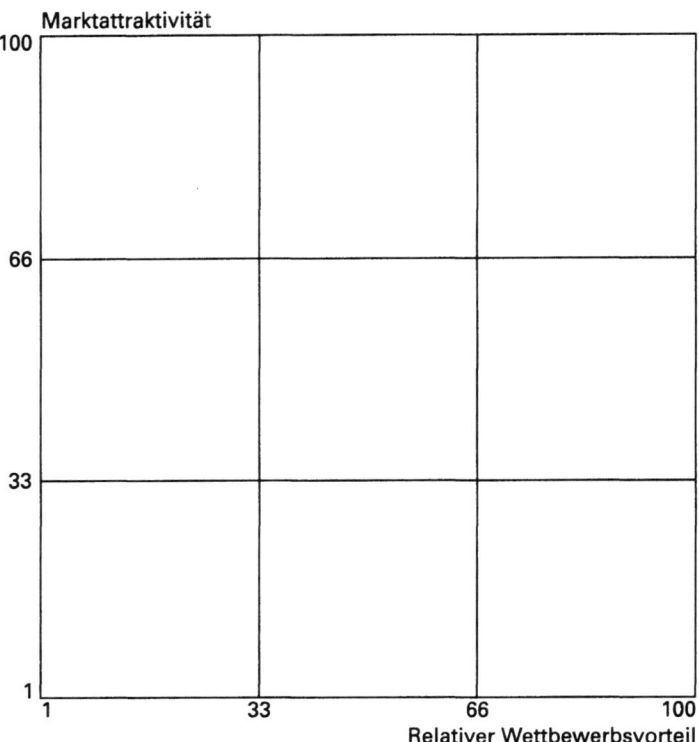

Der Key-Point im POMPAS-Tool

Die erarbeitete Portfolioposition eines zu untersuchenden Bereiches wird als Punkt im Koordinatengitter von X- und Y-Achse abgebildet und ist damit eine statische Momentaufnahme. In der Unternehmenswirklichkeit gibt es aber keine Statik, sondern lebendige, sich stets verändernde Entwicklungen. Die erarbeitete Portfolioposition hat einen Weg, sie kommt irgendwoher und wird irgendwohin weiterlaufen, je nach Einflußfaktoren und Steuerungsmaßnahmen. Den Weg der Vergangenheit kann man dabei sicher durch konsequenten Einsatz des Portfolio als strategisches Controlling-Instrument statistisch nachvollziehen, doch bleiben die zukünftigen Trends immer vage.

Arbeitet man mit der oben dargestellten POMPAS-Richtlinien in einem sehr umfassenden Kriterienrahmen, läuft man Gefahr, eine – selbstverständlich natürliche – Nivellierung der einzelnen Untersuchungsbereiche zu erzielen. Das ist in der vernetzten Komplexität eines Unternehmensgefüges korrekt, eröffnet aber unter Umständen die Gefahr, daß hierdurch positive wie negative Extrempositionen, die vielleicht bewußt überzeichnet werden sollten, nicht erkannt werden.

Sinnvoll erscheint es daher, statt eines Portfoliopunktes deren zwei zu errechnen. Der bereits besprochene *„Basispunkt"* wird aus einer möglichst großen Zahl von Einflußkriterien erarbeitet. Zusätzlich wird der sogenannte *„Key-Point"* (siehe Abbildung 8) errechnet. Diesen definiere ich als der Durchschnittswert der Bewertungsergebnisse der jeweils vier höchstgewichteten Kriterien einer Achse. Andere Kriterienzahlen sind möglich, doch habe ich mit der Vierer-Auswahl in der Praxis gute Ergebnisse erzielt. Hierbei liegt dann die hypothetische Annahme zugrunde, daß diese vier höchstgewichteten Kriterien dominant wären, und die Frage, wo die Portfolioposition im Koordinatenkreuz liegen würde, wenn allein diese vier Kriterien sie bestimmen würden.

Hierbei ergeben sich interessante Erkenntnisse: Entweder die Lage von Basis-Punkt und Key-Point ist (nahezu) identisch oder im Koordinatenraum sehr unterschiedlich. Die strategische Position des Key-Points im Koordinatenraum der Portfolioachsen kann eine eine positivere oder negativere Position gegenüber dem Basispunkt bedeuten. Zwischen diesen beiden Punkten ergibt sich ein „Szenarioraum", das heißt in der Realität bewegt sich der Portfoliopunkt je nach Situation eines Kriteriums fließend zwischen diesen beiden Punkten.

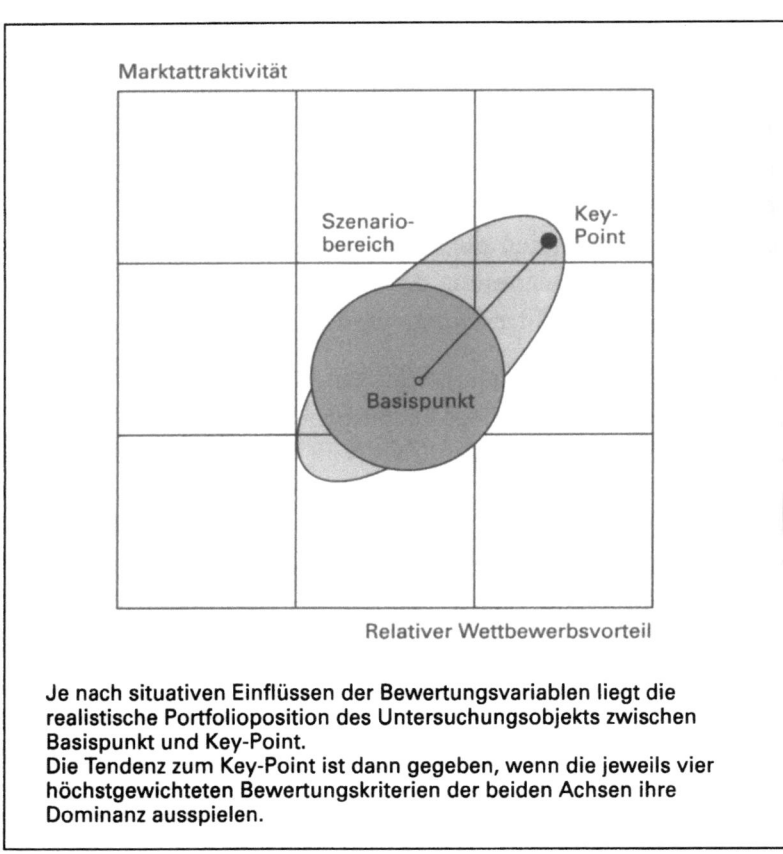

Abbildung 8: Key-Point

Key-Point-Berechnung

Für jede Achse werden aus der POMPAS-Analyse die vier höchstgewichteten Kriterien herausgenommen und Gewichtung und Bewertung in die folgenden Tabellen übertragen. Gewichtung und Bewertung werden multipliziert und anschließend durch die Summe der Gewichtungen dividiert.

Beispiel:

1. Marktattraktivität

Kriterium	Gewichtung in Prozent	Bewertung	Gewichtung x Bewertung
a	20	2	40
b	15	8	120
c	12	6	72
d	10	1	10
	57		242

242 : 25 = 4,25

2. Relativer Wettbewerbsvorteil

Kriterium	Gewichtung in Prozent	Bewertung	Gewichtung x Bewertung

Portfoliomethode POMPAS

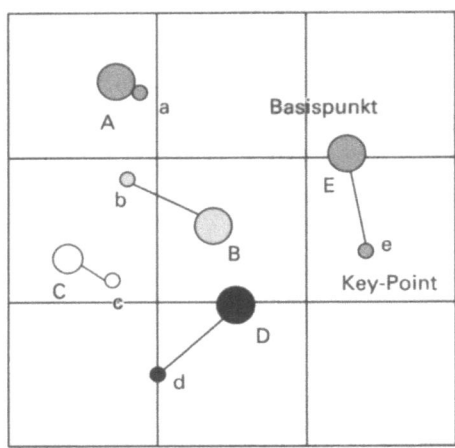

Abbildung 9: Portfolio-Beispiel mit Basis- und Key-Point

Während die Basispunkte A und C einen nahezu identischen Key-Point haben, haben sich bei B,D und E auffällig unterschiedliche Key-Point-Positionen errechnet. Die vier Schlüsselkriterien haben bei B zu einer Verbesserung der Marktattraktivität bei gleichzeitiger Verschlechterung des Relativen Wettbewerbsvorteils geführt. Bei D haben sich beide Achswerte verschlechtert, und E hat eine leichte Verbesserung des Relativen Wettbewerbsvorteils bei gleichzeitiger Verschlechterung der Marktattraktivität geführt.

Was läßt sich daraus ableiten? Hierzu ist es notwendig, alle Einflußfaktoren für das Untersuchungsfeld zur Interpretation und zum Hinterfragen heranzuziehen. Die Antwort kann nur durch die Betrachtung des vernetzten Zusammenwirkens aller Faktoren gefunden werden.

Mit dieser Vorgehensweise ist die Statik traditioneller Portfoliomethoden in einer ersten Stufe überwunden, da eine Bewegung in die Portfolioanalyse gekommen ist, je nach Dominanz der Schlüsselkriterien. Für die strategische Planung bedeutet dies, daß man bei Kenntnis von Basis-Punkt und Key-Point und ihnen zugrundeliegender Bewertungskriterien geeignete Steuerungsmaßnahmen einleiten kann, um, soweit möglich – vorteilhafte Faktoren und Entwicklungstrends zugunsten des Unternehmens zu stützen oder nachteilige zu mildern oder zu eleminieren beziehungsweise diesen aus dem Weg zu gehen.

Weitere Portfolio-Dimensionen: Umsatz, DB, Auftragsgröße

Die bisherige Vorgehensweise im Portfoliomanagement beschränkte sich auf zwei Dimensionen: Marktattraktivität und Relativer Wettbewerbsvorteil.

Das POMPAS-Portfolio läßt sich um einige wichtige Aussagen und Informationen erweitern. Hierzu wird jedem erarbeiteten Basispunkt (zum Beispiel eines Geschäftsfeldes) der dort erzielte Umsatz und Deckungsbeitrag als dritte und vierte Dimension zugeordnet. Die Vorgehensweise ist wie folgt:

1. Schritt:

Der *Umsatz* als dritte Dimension des Portfolios wird als Kreisfläche um den jeweiligen Portfoliopunkt (nur Basispunkt) dargestellt. Zur Berechnung der Kreisfläche ist ein geeigneter Maßstab festzulegen, den jedes Unternehmen trotz unterschiedliche Umsatzdimensionen anwenden kann.

Im folgenden Arbeitsblatt „Radien" (Abbildung 10) werden die Umsatzanteile der Untersuchungsfelder eines Unternehmens in Relation zum Gesamtumsatz des Unternehmens betrachtet.

Gleichzeitig wird bei 100 Prozent Umsatz ein Maximal-Kreisradius von 40 mm angenommen, was sich graphisch gut im Portfolio umsetzen läßt.

Man errechnet nun zu jeder absoluten Umsatzgröße eines Untersuchungsfeldes den Prozentsatz am Gesamtumsatz. Der Kreisradius ergibt sich, indem man zu jedem Umsatzanteil in Prozent auf der X-Achse des Arbeitsblattes über die Diagonale inmitten der 16 Felder-Matrix den zugehörigen Kreisradius in mm auf der Y-Achse abträgt.

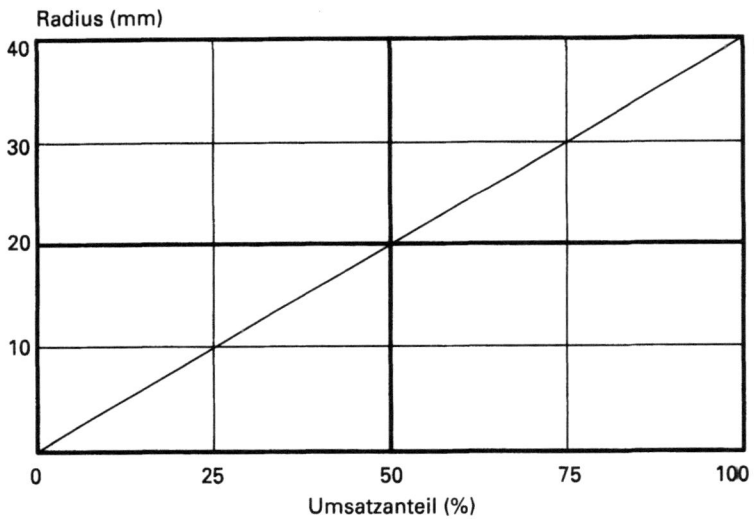

Abbildung 10: Radien

2. Schritt:

Nun ist in jedem Unternehmen zu definieren, was unter „Deckungsbeitrag" verstanden werden soll und dieser zu jedem Untersuchungsfeld errechnet. Der Deckungsbeitrag wird als Kreissegment des in Schritt 1 errechneten Umsatzkreises dargestellt. Die Größe des Kreissegments wird anteilig zur Kreisfläche errechnet. Das Verhältnis von Umsatz-Kreisfläche und Deckungsbeitrags-Sektor verhält sich wie der durch das jeweilige Untersuchungsfeld (zum Beispiel Geschäftsfeld) erwirtschaftete Deckungsbeitragsanteil zum Gesamt-Deckungsbeitrag aller Untersuchungsfelder.

3. Schritt:

Zur Ergänzung der Analysedaten ist es weiter sinnvoll, die (in diesem Zusammenhang einschlägigen) Kunden eines jeweiligen Untersuchungsfeldes (zum Beispiel Geschäftsfeld) in einer A-B-C-Kundenanalyse mit dem Gliederungskriterium „Deckungsbeitrag" aufzugliedern, die A-Kunden als diejenigen, mit denen der höchste DB erzielt wird. Diesen A-B-C-Kunden wird dann die jeweils durchschnittliche Auftragsgröße zugeordnet. Ich zeige in Kapitel 5 die vernetzte Einbindung der Ergebnisse der A-B-C-Analyse mit den Ergebnissen der POMPAS-Analyse.

Hieraus lassen sich interessante Erkenntnisse hinsichtlich des Zusammenhangs von Kundengröße und -qualität, DB und Auftragsgröße ableiten und für die Sollplanung herausarbeiten, mit welchem Kundentyp bei welcher Auftragsgröße der höchstmögliche Deckungsbeitrag zu erzielen ist.

Ein vorgegliedertes Arbeitsblatt „A-B-C-Kundenanalyse" (Abbildung 11) wird anschließend vorgestellt. Ebenso in Abbildung 12 ein Arbeitsblatt „Strategische Geschäftsfelder" (SGF), mit dem überblickartig die wichtigsten Kundengruppen in jedem SGF gemäß der A-B-C-Kundengliederung aufgeschlüsselt werden können. Abschließend können auf Basis der IST-Umsatz- und DB-Werte die SOLL-Planungswerte bearbeitet werden.

Kriterium	A	B	C
Anzahl Kunden			
Umsatz pro Kundengruppe			
Umsatz der Kundengruppe in % des Gesamtumsatzes			
ø Umsatz pro Kunde			
DB in Prozent vom Gesamt-DB			
ø Auftragsgröße pro Kunde			
ø Aufwand pro Auftragsabwicklung			
Anteil Stammkunden (= nicht Einmal- oder Gelegenheitskunde pro Kundengruppe in % der Kunden pro Kundengruppe)			

Abbildung 11: A-B-C-Kundenanalyse

Einheit:						
			Umsatz		DB	
			Ist	Soll	Ist	Soll
SGF	Gliederungsebene					
	A:					
	B:					
	C:					
GI						

Abbildung 12: Arbeitsblatt „Strategische Geschäftsfelder"

Ein fertiggestelltes Portfolio mit den vorgestellten vier Dimensionen „Marktattraktivität", „Relativer Wettbewerbsvorteil", „Umsatz" und „Deckungsbeitrag" mit den IST(= heutige Situation)- und SOLL(= künftiges Ziel)-Basispunkten von sieben strategischen Geschäftsfeldern eines Beispiel-Unternehmens zeigt die Graphik in Abbildung 13.

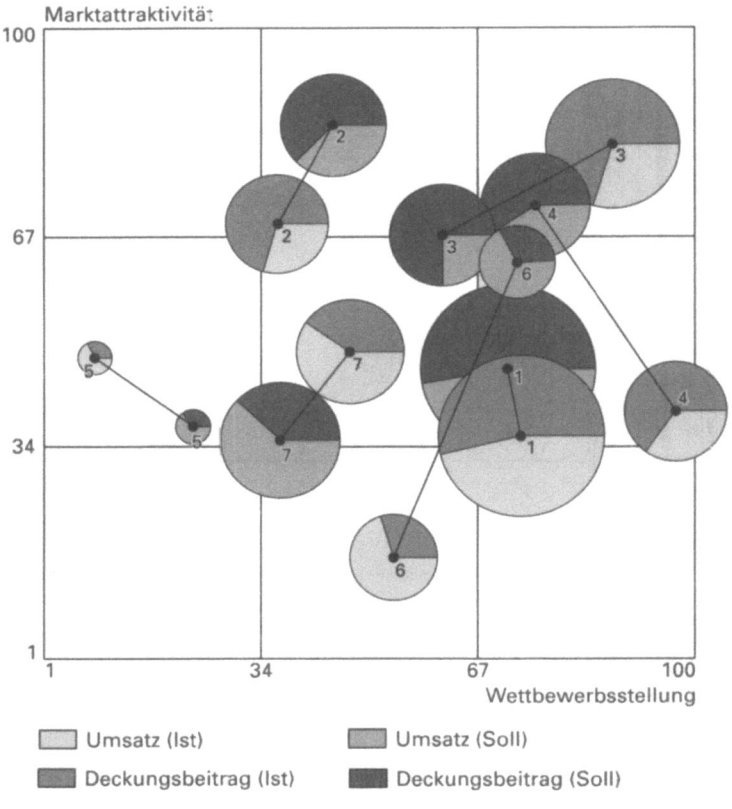

Abbildung 13: Fallbeispiel eines fertigen, vierdimensionalen
IST-SOLL-Portfolios

Vernetzungsmatrix der Untersuchungsbereiche zur Ermittlung von Aktiv- und Passiv-Synergien

Der Kritik, die traditionelle Portfoliomethode ließe eine Synergieverknüpfung der einzelnen Untersuchungsfelder (zum Beispiel Geschäftsfelder) vermissen, soll durch eine ergänzende Vernetzung Rechnung getragen werden:

Für die Erarbeitung von vernetzten Zusammenhängen erfolgt auf Basis eines Sensitivitätsmodells, mit dem die Beziehungen von Systemkompontenten analysiert werden. Einzelkomponenten eines komplexen Systems werden hierbei im Zusammenhang mit ihren Interdependenzen, ihrer Rolle im System, betrachtet. Hierzu sind konventionelle Management- und Planungsverfahren oft nicht ausreichend. Dieses Sensitivitätsmodell bietet die Möglichkeit, den Eigenarten komplexer Systeme auf neue Weise näherzukommen, und soll hier integriert werden. Das Konzept ist vergleichbar mit einer „Mustererkennung". Dabei wird den Beziehungen zwischen den Komponenten und den daraus sich ergebenden Konsequenzen eine größere Bedeutung beigemessen als den Komponenten selbst.

Die Vernetzung hat hierbei folgende Zielsetzungen:

▶ Aufzeigen der gegenseitigen Abhängigkeit der Erfolgsfaktoren, zum Beispiel der SGEs beziehungsweise SGFs.

▶ Ermitteln der aktiven und passiven Erfolgsfaktoren und deren Ausprägung.

▶ Einordnen und Darstellung der Erfolgsfaktoren in ein optisches System, wodurch sich weitergehende Schlüsse ableiten lassen. Hierfür findet eine Vier-Felder-Matrix Verwendung mit folgender Klassifizierung:
– Feld 1: Hohe Aktivität/Niedrige Passivität

- Feld 2: Hohe Aktivität/Hohe Passivität
- Feld 3: Niedrige Aktivität/Hohe Passivität
- Feld 4: Niedrige Aktivität/Niedrige Passivität

Die gegenseitige Wirkung der einzelnen Erfolgsfaktoren läßt sich mit einer Vernetzungsmatrix darstellen. Auch diese ist ein „Fragengenerator", mit dessen Hilfe die Abhängigkeiten und aktiven wie passiven Synergiebeziehungen veranschaulicht werden können.

Auf dem Weg zur Ergründung dieser Abhängigkeiten der vernetzt betrachteten Untersuchungsfelder können die Einflußstärken zum Beispiel wie folgt angenommen werden:

0 = kein Einfluß
1 = geringer Einfluß
2 = starker Einfluß

Trägt man in die Matrix auf beiden Matrixachsen zum Beispiel die SGEs oder SGFs eines Unternehmens ein, so läßt sich ihr gegenseitiger Einfluß ermitteln.

Wichtig ist, zur näheren Erläuterung des bewerteten gegenseitigen Einflusses eine ausführliche Datenbank aufzubauen, in der zu jedem Matrixfeld zweier vernetzt betrachteter Untersuchungsfelder genau beschrieben wird, warum zum Beispiel kein aktiver beziehungsweise passiver Einfluß besteht, beziehungsweise worin dieser in welcher Intensität und Wirkung bestehen kann und welche Szenarien sich daraus ergeben können.

Im nachstehenden Beispiel wurden die Aktiv-Passiv-Beziehungen von sechs SGEs eines Unternehmens nach dem aufgezeigten System bewertet. Hierbei ergeben sich folgende Vernetzungsmatrix und Vernetzungsgitter:

Auf der folgenden Seite stelle ich in Abbildung 14 ein Beispiel der Vernetzung von sechs strategischen Geschäftsfeldern vor. Zur eigenen Bearbeitung ist als Abbildung 15 eine Blanko-Vernetzungsmatrix ebenso beigefügt.

Die Vorgehensweise zur Berechnung der Lage der Beispiels-SGFs im Vernetzungsgitter bespreche ich danach.

	Erfolgsfaktoren	A	B	C	D	E	F	Aktivsumme
A	SGE 1		1	2	2	1	1	7
B	SGE 2	0		1	2	2	1	6
C	SGE 3	1	0		2	2	1	6
D	SGE 4	0	1	0		1	0	2
E	SGE 5	1	0	0	0		0	1
F	SGE 6	2	1	1	0	0		4
Passivsumme		4	3	4	6	6	3	26 : 6 = 4,3

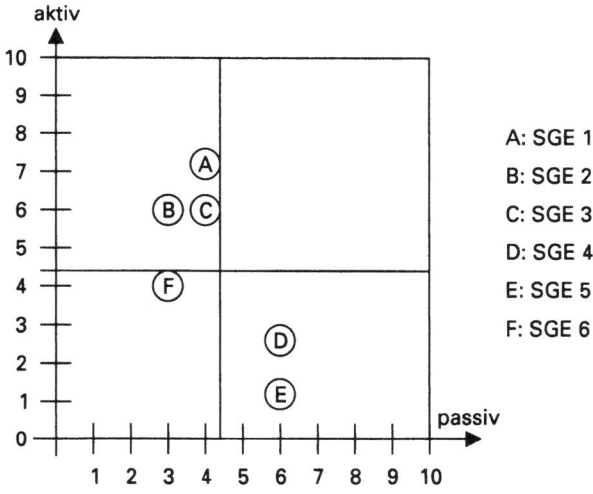

A: SGE 1
B: SGE 2
C: SGE 3
D: SGE 4
E: SGE 5
F: SGE 6

Abbildung 14: Vernetzungsmatrix

Portfoliomethode POMPAS

Vernetzungsmatrix Wirkung von ↓ auf →	A	B	C	D	E	F	G	H	I	J	Aktivsumme
A											
B											
C											
D											
E											
F											
G											
H											
I											
J											
Passivsumme											

Einflußstärke:
0 = kein Einfluß
1 = geringer Einfluß
2 = starker Einfluß

Abbildung 15: Blanko-Vernetzungsmatrix der Erfolgsfaktoren

Für die Berechnung der Lage der jeweils vernetzt zu betrachtenden SGFs „A" bis „E" im Fallbeispiel werden folgende Formeln verwendet:

1. Begrenzung der Aktiv- und Passiv-Achsen:
   (n–1) x 2 =
   im verwendeten Beispiel: $(6 - 1) \times 2 = 10$

2. Schnittpunkte der Aktiv/Passiv-Achse:
   Aktiv/Passiv – Summe : Anzahl der Elemente
   im verwendeten Beispiel: 26 : 6 = 4,3

Feld I: Erfolgsfaktoren mit hoher Aktivität und geringer Passivität
Feld II: Erfolgsfaktoren mit hoher Aktivität und hoher Passivität
Feld III: Erfolgsfaktoren mit hoher Passivität und geringer Aktivität
Feld IV: Indifferente Erfolgsfaktoren, das heißt geringe Aktivität und geringe Passivität.

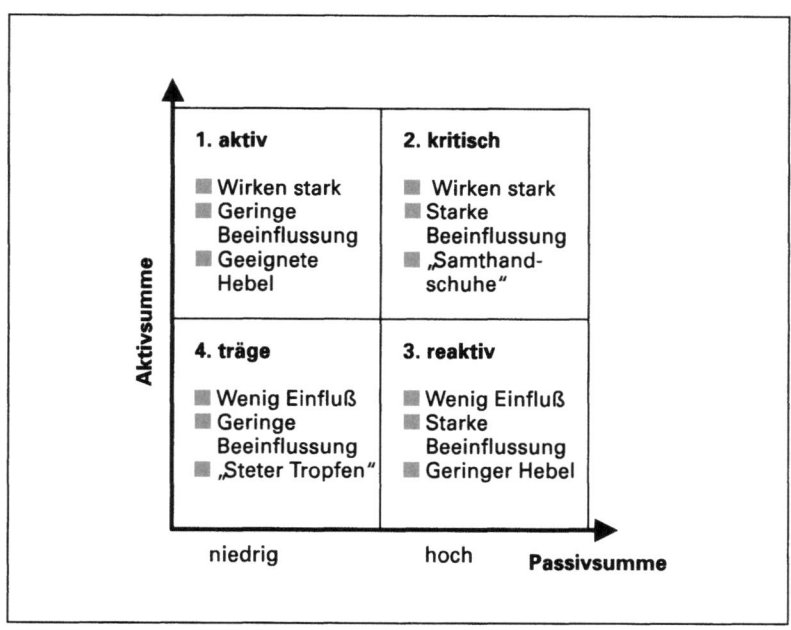

Abbildung 16: Die vier strategischen Felder des Vernetzungsgitters

In die vier Felder des Vernetzungsgitters sind die einzelnen Faktoren auf der Basis der ermittelten Koordinaten zu positionieren.

Die Rangfolge der einzelnen Erfolgsfaktoren im Fallbeispiel (die SGEs) kann auf der Basis der vier Felder wie folgt angegeben werden (vereinfachte Schlußfolgerung):

Rang 1 A
Rang 2 B
Rang 3 C
Rang 4 F
Rang 5 D
Rang 6 E

In dieser Reihenfolge geht Aktivität der Passivität vor. Aktive Faktoren beeinflussen die jeweils anderen stärker und haben Hebelwirkung (besonders in Feld I und II).

Mit Hilfe der Vernetzungsanalyse läßt sich also erkennen, welche Faktoren besonders sensibel sind und speziell zu beobachten sind. Dies kann für besonders aktive wie auch für besonders passive Faktoren gleichermaßen gelten. Es kommt wesentlich darauf an, welche Zielwirkung man von einzelnen Faktoren im Rahmen der Gesamtplanung erwartet und durch welche Szenarien diese dann beeinflußt, verstärkt oder geschwächt werden können.

Aggregation

Aggregation bedeutet, zum Beispiel alle Positionen von SGEs in einem Portfolio hinsichtlich bestimmter Kenngrößen zum Beispiel ihrer Umsatz- oder DB-Anteile auf einen Nenner zusammenzufassen. Die Berechnung geschieht einfach, indem zum Beispiel die Umsatz oder DB-Prozent-Anteile der SGEs als Gewichte für die Multiplikation mit den x- beziehungsweise Y-Positionen der zu aggregierenden SGF herangezogen werden.

Insoweit läßt sich die entsprechende Gesamtposition aller SGEs als aggregierte Summe im Portfolio optisch aufzeigen. Abbildung 17 und 18 zeigen ein Beispielsportfolio, bei dem alle sieben untersuchten stretegischen Geschäftsfeld-Positionen des Fallbeispiels in Abbildung 12 nach obiger Formel aggregiert wurden. In Abbildung 17 sind der Aggregationskreis der IST-Positionen und der Aggregationskreis der SOLL-Positionen inmitten der einzelnen SGF-Portfoliopositionen zu finden. In Abbildung 18 sind die Aggregationskreise nochmals isoliert dargestellt.

Virtuelles Konkurrenzportfolio und Zielportfolio

Das Ziel- oder auch Sollportfolio enthält die strategische Zielsetzung hinsichtlich

▶ strategische Sollposition des Untersuchungsfeldes (zum Beispiel Geschäftsfeld) im Koordinatensystem des Portfolios für einen bestimmten Planzeitraum oder -punkt
▶ Planumsatz
▶ Plandeckungsbeitrag

und wird regelmäßig nach Gesamtübersicht über alle zu erhebenden Analysedaten – vor allem auch die folgende Kundenutzenanalyse – und Ausdiskussion der sich aufgrund komplexer Vernetzungen ergebender Szenarien und Prognosen erarbeitet. Hierbei spielen alle Faktoren des oben dargestellten Marketing-Management-Modells eine Rolle.

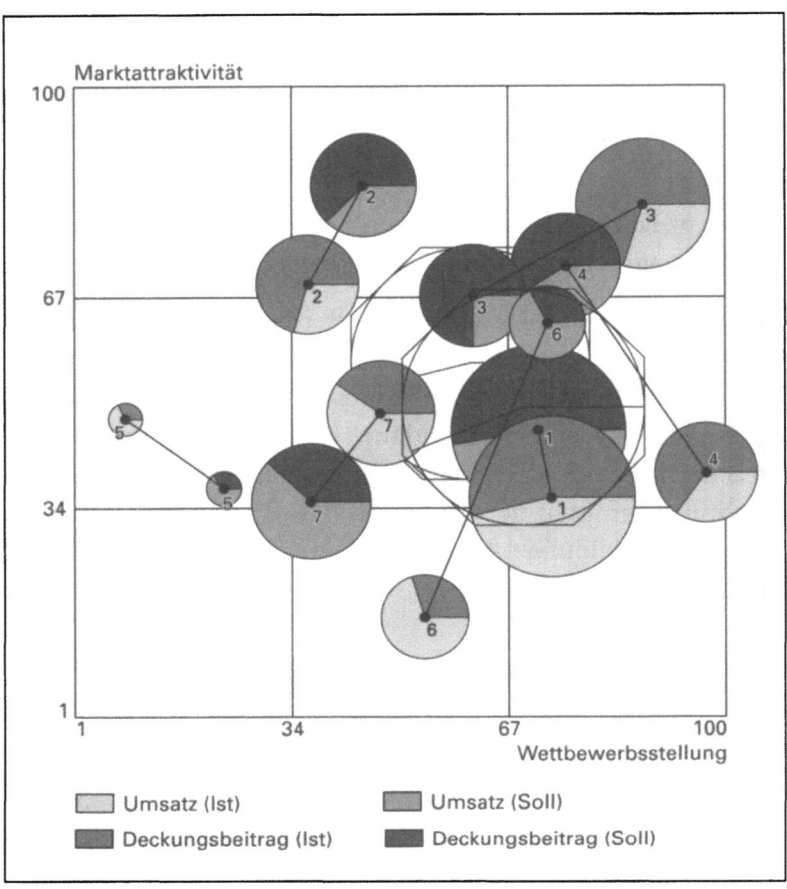

Abbildung 17: Beispiel: IST-SOLL-Einzelportfoliopositionen von sieben SGFs mit Aggregation

In der POMPAS-Portfolio-Methode ist durch die relative Bewertung der Kriterien im Bereich „Relative Wettbewerbsvorteil" bereits die Konkurrenzposition mit berücksichtigt. Da die Auswahl der Achs-Bewertungskriterien sowie -Bewertungsmaßstäbe aus Sicht des untersuchenden Unternehmens erfolgt, werden Marktattraktivität und relativer Wettbewerbsvorteil allein aus dieser Sicht eingestuft.

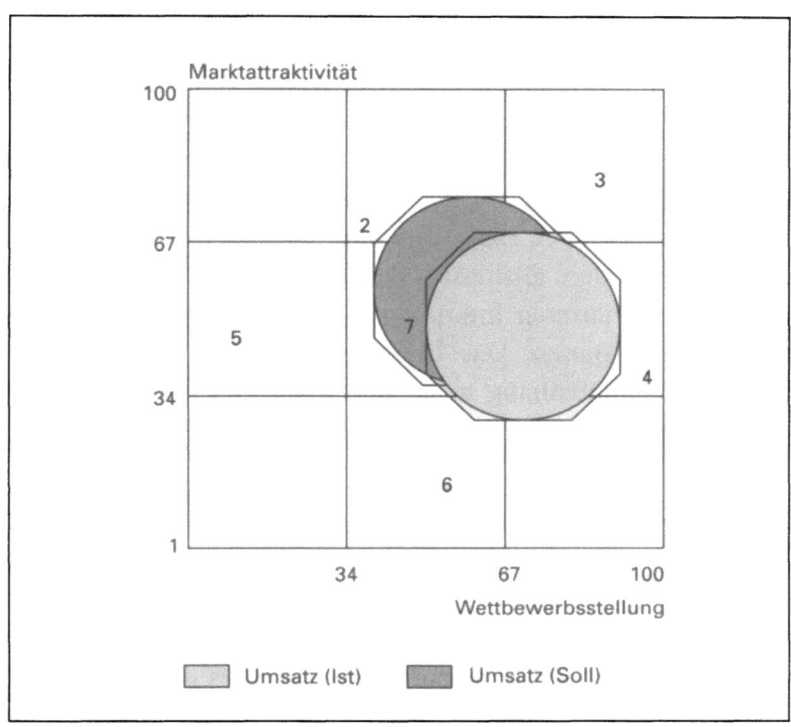

Abbildung 18: Beispiel: Isolierte Aggregation IST-SOLL von sieben SGFs

Interessant ist es nun, das Eigenportfolio mit einem virtuellen Konkurrenzportfolio aus Sicht des Wettbewerbs zu vergleichen, um entsprechende Geschäftsaktivitäten der Konkurrenz einmal aus deren Sichtweise zu betrachten. Diese könnten unter Umständen denselben Markt und dasselbe Wettbewerbsverhältnis aus deren Sicht mit (leicht) anderen Bewertungskriterien beziehungsweise Gewichtungen beurteilen und damit zu differenzierten Bewertungsergebnissen und Portfoliopositionen kommen. Durch die andere Einschätzung können sich dann aus Sicht des Wettbewerbs auch andere strategische Stoßrichtungen ergeben, als die möglichen strategischen Wettbewerbsszenarien auf Basis des Eigenportfolios ableiten lassen.

Für ein solches virtuelles Wettbewerbsportfolio sind allerdings genügend Informationen über den Wettbewerber und Transparenz über jene Kriterien erforderlich, die dieser für maßgeblich hält, um ein virtuelles Portfolio aus seiner Sicht nachzeichnen zu können. Ein solches Vorgehen wird praktisch sehr schwer zu realisieren sein, wäre aber deshalb besonders interessant, weil andere Positionen aus Sicht des Wettbewerbers zu einer differenzierteren Interpretation und ebensolchen Strategien führen können. Das Erkennen möglicher Szenarios in diesem Zusammenhang qualifiziert das eigene Taktieren und die Zahl und Inhalte alternativer Planungsvarianten.

Werden die Informationen aus der Anwendung der Portfoliomethode und der im nächsten Kapitel vorgestellten Kundennutzenanalyse vernetzt interpretiert, so gilt es, zentrale Stoßrichtungen und Strategien abzuleiten und ein Ziel-Soll-Portfolio zu formulieren. Das virtuelle Konkurrenzportfolio kann dabei manche Alternative auf alleiniger Basis des Eigenportfolios nochmals relativieren und die Planung beeinflussen.

Für die Formulierung der Zielportfolios sind schwerpunktmäßig folgende Faktoren zu berücksichtigen:

▶ Reifegrad, Lebenzyklus und Zugang des Marktes beziehungsweise Branche, mögliche Entwicklungen ohne und mit denkbaren Entwicklungsmaßnahmen und proaktiven Interventionen,
▶ Status und prognostizierbare Entwicklung von internen und externen Unternehmens-Erfolgsfaktoren (Hard- und Softfacts),
▶ Wettbewerbssituation und strategische Optionen des Wettbewerbs,

- Höhe des Budgets/Investitionsvolumens für Marketingstrategien,
- Kosten-Wirkungs-Relationen von Investitionen,
- Unternehmensmission und -politik sowie Leitbilder,
- Eigene Ressourcen und Fähigkeiten der Unternehmung.

In den Abbildungen 19 und 20 sind zwei POMPAS-Arbeitsblätter eingefügt, die bei der Zielplanung hilfreich sein können und das POMPAS-Tool mit Kriterienkatalog und Auswertungscharts ergänzen. In der ersten Spalte von Abbildung 19 werden jeweils die Kriterien der einzelnen Portfolioachsen übertragen und in der Rubrik „Gewichtung" (Gew.) die gewichtete Bedeutung des Kriteriums heute (IST) und künftig (SOLL) eingetragen und Gründe für die Situation heute beziehungsweise die Zielformulierung für morgen ausformuliert. Entsprechend wird hinsichtlich der Punktbewertung der Kriterien in Abbildung 20 vorgegangen.

Strategisches Geschäftsfeld: ____ bis ____
Gewichteraster: ____

Kriterium	IST		SOLL	
	Gew.	Begründung	Gew.	Begründung

Abbildung 19: Arbeitsblatt „Verknüpfungen"

Strategisches Geschäftsfeld: ⎯⎯ bis ⎯⎯
Punkteraster: ⎯⎯

Kriterium	IST		SOLL	
	P.	Begründung	P.	Begründung

Abbildung 20: Arbeitsblatt „Ausprägungen"

Portfoliomethode POMPAS 89

# 3 Kundennutzen optimieren: Das Customer's Value Portfolio

Es ist spannend, nun zu überlegen, wie in Ergänzung zur strategischen Positionierung im Markt-Wettbewerbs-Portfolio Kundeneffektivität, Wettbewerbsdifferenzierung und Imagestatus analysiert und geplant werden können und welches Instrument dies vernetzt darzustellen vermag. Anders sein als alle anderen heißt das Motto und Ziel, das es zu erreichen gilt!

Qualitätssynonyme wie zum Beispiel „Made in Germany" oder „Swiss made" kennzeichnen die immer noch herrschende Denke in vielen Unternehmen: „Die Produkte die wir entwikkeln, und herstellen sind hervorragend, und wir arbeiten ständig an deren Verbesserung". Dies führt oft dazu, daß Entwicklungsabteilungen mit mehreren tausend Mitarbeitern in Großunternehmen an der stetigen technologischen Optimierung von Produkten im Sinne eines Over-Engeneering arbeiten. Entsprechen sie auch dem wahren Bedarf des Kunden oder bemerkt er diese Optimierungen gar nicht mehr, weil er dadurch keinen spürbaren (Zusatz-)Nutzen erhält?

Unternehmensleistung als Selbstzweck des Unternehmens? Perfektionierungsdrang am Kunden vorbei und noch auf dessen Kosten? Ist es unbedingt nötig, Marktbearbeitung dahingehend zu verstehen, den Kunden produktpolitisch dahin zu diktieren, wo er selbst gar nicht hinmöchte und eigenverantwortlich keine Nachfrage ausüben würde?

Nur wenige Unternehmen kennen wirklich ihre Kunden und deren Bedarf und Bedürfnisse so gut, daß ihre Produkte diese treffen und damit hervorragende Nachfrageerfolge auslösen. Unabhängig vom Kennen des Kunden ist allein die Frage nach dem „Kunden" oft sehr umstritten. Wer ist der Kunde zum Beispiel eines Automobilzulieferers? Der Automobilhersteller oder der Autokäufer? Die Beantwortung hängt sicher unter anderem davon ab, wie greifbar und individuell spezifizierbar der Nutzen des Kunden am Zulieferprodukt selbst ist. Wer ist der Kunde einer Hypothekenbank, deren Produkte ausschließlich über Primärbanken vertrieben werden? Die Primärbank oder der finanzierende „Häuslebauer"? Wer ist der Kunde eines Pharmaunternehmens, das seine Produkte über Grossisten, Apotheken zum Patienten vertreibt? Bei allen unterschiedlichen Denkansätzen ist die gemeinsame Frage: Wessen Nutzen und Erfolg soll letztlich hergestellt werden, hängt dessen Nutzenanforderungsprofil konkret mit der entsprechenden Leistung zusammen, das heißt, ist die Leistung für ihn greifbar und bewertbar beziehungsweise kann sie dazu gemacht werden, und von wessen Kaufentscheid hängt die gesamte Absatzkette letztendlich ab?

Zur Erarbeitung der Anworten auf die aufgeworfenen Fragen gilt es, den Verantwortlichen in einem Unternehmen ein Tool an die Hand zu geben, das geeignet ist, komplexe Kundenanforderungen strukturiert zu erfassen und die erarbeiteten Informationen so aufbereiten läßt, daß auf dieser Basis notwendige Strategien und Maßnahmen geplant werden können.

Oberstes Ziel eines Unternehmens muß die Maximierung des „Kunden"nutzens sein, und dies ist gleichzeitig der wichtigste volkswirtschaftliche und betriebswirtschaftliche Faktor, was auch die von mir vorgestellte Sichtweise von „Marketing" unterstreicht. Wer höchstmöglichen Kundennutzen stiftet, wird auch in schwieriger Wirtschaftslage erfolgreich sein können, was – außer den Japanern in den letzten 30 Jahren – auch europäische und US-amerikanische Unternehmen bewiesen haben. Hohe Rentabilität und wachsende Marktanteile verbessern die Marktposition und können die Verteidigungsfähigkeit gegenüber dem Wettbewerb signifikant stärken.

Bedenken Sie: Wer als Antwort auf ein zentrales Kundenproblem beziehungsweise Bedürfnis sichtbar besser als andere höchstmöglichen Kundennutzen stiftet, kann seinen Erfolg kaum verhindern!

Ob ein Unternehmen sichtbar besseren Nutzen für den Kunden stiftet, läßt sich durch einen relativen Effektivitäts- und Statusvergleich gegenüber dem Wettbewerb ermitteln. Die Effektivität bestimmt der Kunde aus einem individuellen Mix von Qualität, Effizienz und Image. Status entsteht durch Effektivität in Verbindung mit Erfolgskontinuität eines Unternehmens am Markt.

Dabei ist zu fragen:

▶ Wer sind meine Kunden als Unternehmen?

▶ Was wollen diese Kunden? Welche grundsätzlichen Anforderungen mit welchen Prioritäten definiert der jeweilige Kunde in einem bestimmten Markt grundsätzlich?

▶ Welchen Erfüllungsgrad erreichen wir mit unseren heutigen Leistungen bei diesem Zielkunden aus dessen Sicht, gemessen an seinem Anforderungskatalog?

▶ Welche Leistungsqualität zu welcher Gegenleistung wollen wir ihm wie bieten, um seine Anforderungen möglichst optimal zu erfüllen und zusätzlich Wettbewerbsvorteile zu erzielen?

▶ Wo erreichen wir – soweit einschlägig – Imagevorteile und zwar a) leistungsbezogen, b) unternehmensbezogen, die aus Sicht des Kunden Wettbewerbsvorteile bringen?

Auf den Punkt gebracht heißt dies: Die richtige Qualität zum richtigen Preis im unterstützenden Imageumfeld – *aber aus Sicht des Kunden! Nutzenoptimierung statt Output-Optimierung muß das Leitbild der Zukunft sein!*

Das bedeutet aber auch: Trügerische Effektivität vermeiden – Prozeß- und Produktkomplexität nur so hoch, wie sie Kunde anerkennt und bezahlt.

Eine solch konsequente Kundenorientierung bedeutet für zum Beispiel den Fall, daß der „Kunde" nicht der Endkunde, sondern der Handel beziehungsweise Absatzmittler ist, zu lernen, nicht nur deren mögliche Anforderungskriterien im Sinne eines erfolgreichen sogenannten „Push-Marketings" zu erfüllen, sondern – soweit nur irgendwie möglich und sinnvoll – zunehmend durch diese hindurchsehen und die Anforderungen des eigentlichen Endkunden studieren und in unser Marktkonzept (sogenanntes „Pull-Marketing") einbeziehen. Da wo einerseits der Handel zusehends seine Kompetenz und Bemühung als echtes eigenständiges Marketingsystem verliert, zum Beispiel bei großen Einzelhandelsfilialketten, und sich dort eher zum Anbieter von Verkaufs- und Kommunikationsfläche entwickelt, muß der Hersteller zum Beispiel mit Verkaufsförderung und Merchandising sowie Endkundbewerbung den Endkunden selbst umwerben, um sich Marktanteile zu sichern und den Handel zur Listung zu zwingen. Unabhängig davon ist andererseits auch beim beratungsintensiven Fachhandel wichtig, dem Handel das zu liefern, was dessen Endkunde braucht, und ihn in seinem Marketing sowie in der Disposition seines

Warensortiments zu beraten und ständig zu betreuen. Dies schafft Nähe und Symbiose zum Marktpartner und Kunden.

Im Sinne des Unternehmens-Markt-Modells sind entsprechend Abbildung 21 nunmehr folgende Komponenten zu untersuchen und hinsichtlich ihrer Synergien zu verbinden:

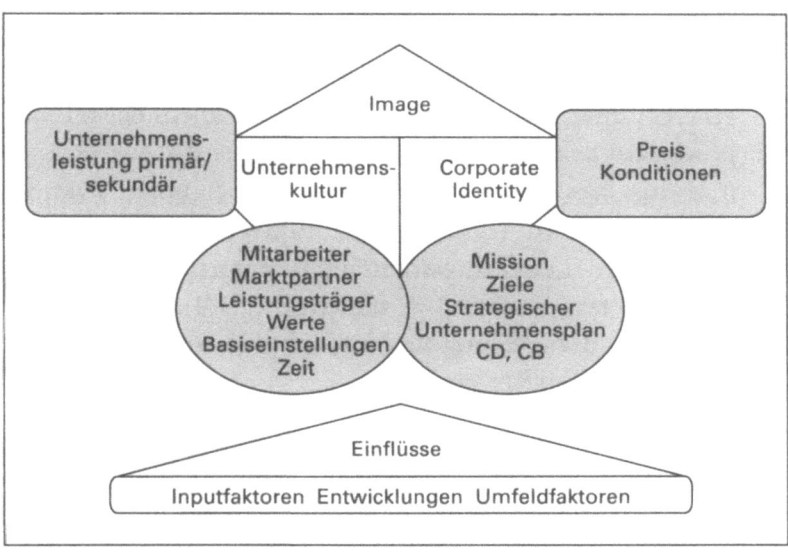

Abbildung 21: Unternehmens-Markt-Modell

Kundennutzen optimieren

Komponente 1: Leistungsqualität und Preis

Das von mir entwickelte Analyse- und Planungstool eröffnet ein strukturiertes Vorgehen in folgenden Schritten:

Zunächst wird anhand des Arbeitsblattes in Abbildung 22 der Bereich „Leistungs-Qualität" analysiert:

1. Zuerst wird das Untersuchungsfeld exakt definiert, also ob zum Beispiel ein strategisches Geschäftsfeld, eine strategische Geschäftseinheit, ein Produkt in welchem der relevante Markt (Teilmarkt, Segment etc.) untersucht werden soll und aus wessen Sicht, also was hierbei unter „Kunde" verstanden wird (zum Beispiel Endverbraucher, Mittler, Lieferanten). Letztlich werden die zu untersuchenden Wettbewerber festgelegt (K1 = stärkster ... K4). Die Aussagekraft der Untersuchung hängt wesentlich von diesem definitorischen Einstieg ab.

2. Dann gilt es, sich ganz generell in den „typischen Durchschnittskunden" (falls dieser nicht gefunden werden kann, sollte die Segmentierung überprüft werden, um evtl. eine bessere Homogenität der Kundennutzenanforderungen zu erreichen) im definierten relevanten Markt hineinzuversetzen und nach dessen Leistungsanforderungskriterien zu fragen, auf die er bei einem Anbieter ganz generell in diesem Markt Wert legt.
In der ersten Untersuchungsstufe wird der Bereich „Qualität", bestehend aus Qualität von Haupt- und Nebenleistungen (= „Leistungsfunktionsmerkmale" beziehungsweise „Leistungsergänzungen") sowie dem „subjektiven Preisempfinden" aus Kundensicht untersucht. Bei einigen Marktpartnern ist „Preis" im Sinne von „Gegenleistung" eigens zu definieren.

Alle Anforderungsmerkmale sind in einem Richtlinienkatalog genau zu definieren, um die Bewertungsbasis genau nachvollziehen zu können.

3. Im dritten Schritt werden diese Kriterien aus Sicht des Kunden gewichtet, also eine Präferenzabstufung erarbeitet. Hierbei können 100-Prozent-Punkte auf alle Kriterien im Block „Leistungsqualität" verteilt werden. Im Block „Preisqualität" sind wegen des einzelnen Kriteriums „subjektives Preisempfinden" bereits 100 Prozent vorgegeben.

4. Im vierten Schritt wird aus Sicht des Kunden der Grad der Spezifikationserfüllung durch die konkurrierenden Anbieter nach einer Skala von 1 bis 7 ermittelt. Hierdurch ergibt sich für jeden Wettbewerber ein eigenes absolutes Anforderungs-Erfüllungs-Profil aus Kundensicht, welches sich in den erarbeiteten Punktbewertungen von 1 bis 7 widerspiegelt. Optisch kann die Bewertung durch eine Profilkurve grafisch veranschaulicht werden. Unter der Spalte „Bewertung absolut" wird für jeden Wettbewerber (am besten mit unterschiedlichen Farben) die jeweilige Bewertung angekreuzt, und die Punkte werden zu einer Geraden miteinander verbunden. So ergibt sich für jeden Konkurrenten eine eigene Stärke-Schwäche-Kurve.

5. Im fünften Schritt werden die absoluten Bewertungsergebnisse jedes Wettbewerbers bezüglich jedes Anforderungskriteriums mit dem dazugehörigen Gewichtungswert multipliziert, so daß sich ein relativer Spezifikationserfüllungsgrad-Wert errechnet. Die Spaltensumme dieser Werte pro Konkurrent ergibt im rechten Teil des Untersuchungstools die *relative Wertsumme für Leistungsqualität (1) und für Preisqualität (2)* aus Kundensicht.

6. Da in der Praxis selten Leistungsqualität und Preisqualität beim Kaufentscheid gleichrangig sind, sondern es zum Beispiel typische Qualitätsentscheidungen beziehungsweise reine Preisentscheidungen gibt, ist im sechsten Schritt der Preis-Leistungs-Index im Verhältnis der Qualitätskriterien zum Preisempfinden aus Kundensicht zu bestimmen (im Tool unten links).
7. Abschließend sind für die Gesamtbeurteilung noch interessant:
   - der objektiv-relative Preis, soweit sich für die bewerteten Leistungseinheiten vergleichbare Preise darstellen lassen. Gegenüberstellung von subjektivem Preisempfinden aus Kundensicht und objektiv-relativem Preis geben interessante Aufschlüsse, ob der Kunde den objektiv-relativen Preis auch so empfindet oder anders und bei Abweichungen Anlaß zur Überlegung, worauf diese beruhen können;
   - der Marktanteil der Wettbewerber.

Auf den folgenden Seiten finden Sie in Abbildung 22 das erste Arbeitsblatt, welches strukturiert die Ergebnisse der Qualitätsanalyse aufnimmt.

Analyse der relativen Leistungs-Qualität aus Kundensicht												
								Wettbewerber:				
Analysezeitraum												
Markt/Marktsegment												
Kundengruppe												
Geschäftseinheit												
		Unser Unternehmen										
1. Qualitätsmerkmale aus Kundensicht	Gewichtung	Bewertung absolut							Bewertung relativ			
	durch Kunde	—			0			+	Wir	Wettbewerb		
Leistungsfunktionsmerkmale		1	2	3	4	5	6	7		K1	K2	K3	K4
1													
2													
3													
4													
5													
6													
7													
8													
9													
10													
11													
12													
13													

Komponente 1: Leistungsqualität und Preis

2. Qualitätsmerkmale aus Kundensicht	Gewichtung durch Kunde	Bewertung absolut							Bewertung relativ				
		—			0			←	Wir	Wettbewerb			
Leistungsergänzungen		1	2	3	4	5	6	7		K1	K2	K3	K4
1													
2													
3													
4													
5													
6													
7													
Soll = 100					Relative Wertsummen 1								
3. Qualitätsmerkmal	= 100												
subjektives Preisempfinden aus Kundensicht					Relative Wertsummen 2								
					Rel. Preis-Leistungs-Summen:								
Preis-Leistungs-Index					Marktanteil:								
1. Qualität 1+2					Obj. Relativer Preis:								
2. Preis													
= 100					wenn unser Preis = 100					% über oder unter Konkurrenz			
										auf Basis 100			
Verhältnis von 1. u. 2. in %													

Abbildung 22: Analysetool „Leistungs-Qualität"

Kundennutzen optimieren

Komponente 2: Image

Wie erörtert, geht die gesamte Leistung eines Unternehmens weit über eine Hardware- oder Dienstleistung hinaus und enthält soziale und kulturelle Komponenten, die immer stärker zum Wettbewerbsfaktor im Marketing werden. Deshalb ist das alte Marktgeschehen aus Preis-Leistung-Vermarktungsstärke-Bedarf/Nachfrage durch die Komponente „*Image*" zu ergänzen. Letztere wird neben dem produktimmanenten Imagefaktor entscheidend geprägt durch die „Corporate Identity" und die „Unternehmenskultur".

a) *Corporate Identity (CI)* wird selten in einer deutschen Übersetzung verwendet, weshalb es schwer ist, eine allgemeingültige Definition zu finden. Je nach Verständnis ist CI ein erklärtes Ziel, eine Methode, das Ergebnis identitätsorientierter Aktionen oder zentrale Kommunikationsstrategie.

„Corporate" steht für Gruppe, für die Summe der Menschen und deren Leistungen, die ein Unternehmen ausmachen. Damit wird der ganzheitliche soziale und funktionale Denkansatz bestätigt.

„Identity" steht für Persönlichkeit und Individualität.
Für CI muß also die umfassendste mögliche Definition gewählt werden. CI steht für:

- Unternehmensmission als zentrale Vision und Philosophie, in der alle treibenden Kräfte gebündelt werden;
- Leitbilder und Ziele in allen Bereichen des Unternehmens;
- die gesamte strategische Planung zur Erfüllung der Leitbilder und Erreichung der Ziele;

- die Ausrichtung einzelner Aktionen, geboren aus dem komplexen und vernetzten Gefüge der strategischen Planung;
- Beziehung von Selbstbild und Fremdbild: Wie will das Unternehmen gesehen werden und wie wird es gesehen?

CI ist meines Erachtens daher am ehesten kurz zu definieren als die Formulierung einer ganzheitlichen Unternehmenspolitik und -strategie und deren Kommunikation und Umsetzung nach innen und außen.

b) *Unternehmenskultur (UK)* ist ein ebenso schwer exakt beschreibbarer Begriff. Unternehmenskultur ist in vielen Bereichen eine unsichtbare Einflußgröße, die Orientierungsmuster und Handlungsweisen wie subversive Gesetze schreibt; sie ist weiterhin kollektives Phänomen und bezeichnet Ideen, Werte, Normen und Vorstellungen, Riten und Symbole, die Menschen in einem Unternehmen verfolgen, und ist letzlich ein „stiller Lehrplan" für den komplexen Sozialprozeß in einem Unternehmen. Die Einordnung von Unternehmenskultur ist nicht unumstritten; oft wird sie als Teil der CI angesehen. Ich möchte sie ganz bewußt – bei sicher fließenden Grenzen – davon trennen, denn jedes Unternehmen hat zwangsläufig irgendeine CI, selbst das jüngste Unternehmen. Da sich Unternehmenskultur aber nicht kurzfristig, sondern langfristig über mehrere Stufen entwickelt, muß Kultur noch nicht automatisch dort sein, wo CI bereits vorhanden ist. Die getrennte parallele Betrachtungsweise läßt daher eine genauere Analyse und Strategieplanung zu.

c) *CI und UK* haben qualitativ zum Teil fließende Grenzen; eine wesentliche Unterscheidungskomponente ist meines Erachtens der Faktor Zeit. CI kann theoretisch als strategisches Planungskonzept kurzfristig erstellt und dem Unternehmen „übergestülpt" werden. UK ist ein dagegen ein langfristiges Phänomen, eine unsichtbare Steuerungsgröße im Unternehmen, die sich aus der Historie des Unternehmens entwickelt und das Situationsverständis prägt. Ein Wandel der UK ist daher viel schwieriger als der CI.

d) CI und UK prägen ein Unternehmen ganzheitlich und fließend. Sie sind das alles durchfließende „Herzblut" eines Unternehmens, dessen funktionale Faktoren hierdurch zum lebendigen Organismuß werden. Hierdurch wird klar, daß CI und UK miteinander harmonisieren müssen, damit ein glaubwürdiges und passendes Image nach innen und außen geprägt wird. Andernfalls wird eher ein Negativimage erzeugt.

Verfügt ein Unternehmen nunmehr über derart harmonische Imagefaktoren beziehungsweise entwickelt diese, so liegt es nahe, sie als strategische und kommunikative „Waffe" am Markt mit einzusetzen. Wo Produkte immer „gleicher" werden, kann das individuelle Image als Wettbewerbsfaktor entscheiden – und dies ist zudem nicht kurzfristig als Me-Too-Produkt kopierbar. Image als Chance und Eintrittsbarriere für andere zugleich!

Im entwickelten Customer's-Value-Tool sind daher nunmehr „Produkt-Image" (Produktleistung und Konditionen) und „Unternehmensimage" (CI, Kultur; Unternehmensleistung neben dem Produkt) zu untersuchen. Insbesondere CI und Unternehmenskultur sind im Rahmen der Imageanalyse aber meist schwer greifbar. Interessant ist hierbei vor allem zu erfahren, inweit sich das formulierte Eigenbild eines Unternehmens mit dem Fremdbild aus Sicht der Kunden beziehungsweise Stakeholder deckt.

Der Auswahl von zu befragenden Kunden kommt wegen der meist schon aus Zeit- und Kostengründen begrenzt möglichen Stichprobe besondere Bedeutung zu. Es sollte eine möglichst repräsentative Stichprobe aus bestehenden und potentiellen Kunden sein. Hierbei können die erarbeiteten Daten aus der Eigenbilderhebung dem Kunden bereits in Dialogform zur Ergänzung, Bewertung, Gewichtung, Streichung etc. in offener oder geschlossener Form vorgelegt werden.

Auch ist es oftmals schwierig, Kunden zu betriebswirtschaftlichen Fachthemen zu befragen. Vielfach werden Fachbegriffe unterschiedlich verstanden oder nicht gekannt. Ein gemeinsames Definieren zwischen Frager und Befragtem untergräbt die notwendige, subjektiv gepägte Spontanität der Kundenaussage, auf dies es gerade zu Softfacthemen wie dem Image entscheidend ankommt.

Ein Instrument soll sie Unternehmens-Image-Analyse ergänzen, das seine Ursprünge in der Synektik und Neurolinguistischen-Programmierung (NLP) hat:

Der einzelne befragte Kunde wird hierbei aufgefordert, das Image des zu untersuchenden Unternehmens durch Verwendung von Analogien und Verfremdungen sowie subjektiven – oft unterbewußten – Bildern in ihm geläufigeren Bereichen zu zeichnen. Der Bezug zum zu untersuchenden Imagebild des Unternehmens wird dann durch Verbindung und Interpretation dieser Analogien hergestellt.

Die gewonnenen Erkenntnisse, Kriterien und Informationen können dann ergänzend zur Ausarbeitung der Imageposition in das Tool in Abbildung 24 übernommen werden.

In Abbildung 23 wird nun beispielhaft ein möglicher Befragungsbogen im Rahmen des NLP vorgestellt.

Wenn Sie bitte einmal versuchen, in Ihrer Fantasie und Vorstellung ganz unterbewußt das Unternehmen X zu personifizieren, wie würden Sie nachfolgende Fragen beantworten:

1. Ist diese Person männlich oder weiblich?
   ☐ weiblich   ☐ männlich

2. Wie alt wäre sie etwa?
   _____ Jahre

3. Welche wesentlichen Charakterzüge würden Sie mit ihr verbinden? Bitte nennen Sie die herausragenden drei positiven und drei negativen.

   positiv: negativ:
   _____   _____
   _____   _____
   _____   _____

   Ist sie eher   ☐ extrovertiert oder   ☐ introvertiert?

4. Welchen Beruf könnten Sie sich am besten passend für die Person vorstellen? Warum?

5. Welche berufliche Stellung und Position würden Sie sich hierbei vorstellen können? Warum?

6. Über welches Einkommen verfügt die Person?
   _____ TDM p. a.

7. Wie würden Sie die soziale und gesellschaftliche Stellung dieser Person einschätzen? Mit welchen Menschen/Freunden würde sich diese Person am ehesten umgeben und warum?

Komponente 2: Image

> 8. Welchen Lebensstil würden Sie dieser Person zuordnen und warum, insbesondere bei
>   ☐ Kultur
>   ☐ Sport
>   ☐ Familie
>   ☐ Hobbys
>   ☐ Literatur
>   ☐ Karriere
>   ☐ Essen/Trinken
>   ☐ sonstigem
>
> 9. Welchen Kleidungsstil würde diese Person bevorzugen?
>
> 10. Wo könnte der private Lebensraum dieser Person sein?
>   ☐ Land oder   ☐ Stadt?
>   Wohnungsstil, Einrichtung etc.?
>   sonstiges:
>
> 11. Wie ist die Beziehung dieser Person zu ihrem sozialen Umfeld?

Abbildung 23: Analyse zum Thema CI: Ihr Phantasiebild vom Unternehmen X

Die Analysematrix „Image" in Abbildung 24 ist methodisch mit der Matrix „Qualität" in Abbildung 21 identisch und führt zur *relativen Wertsumme (3)*. Wichtig ist, daß das Untersuchungsfeld absolut identisch mit dem der Qualitätsuntersuchung bleibt.

Zu untersuchen sind:

▶ das durch die Produktqualität und Preis geprägte Image,

▶ das durch das Unternehmen insgesamt, also CI und Kultur, geprägte Image.

Analyse des relativen Leistungs-Images aus Kundensicht

		Wettbewerber			
Analysezeitraum					
Markt/Marktsegment					
Kundengruppe					
Geschäftseinheit					

Imagemerkmale aus Kundensicht	Gewichtung durch Kunde	Bewertung absolut (Unser Unternehmen)							Bewertung relativ				
		- -		0			+		Wir	Wettbewerb			
1. Produktimage		1	2	3	4	5	6	7		K1	K2	K3	K4
1													
2													
3													
4													
5													
6													
7													
8													
9													
10													

Komponente 2: Image

Imagemerkmale aus Kundensicht	Gewichtung durch Kunde	Bewertung absolut							Bewertung relativ				
		- -		0			+-	Wir	Wettbewerb			
2. Unternehmens-image		1	2	3	4	5	6	7	K1	K2	K3	K4
1												
2												
3												
4												
5												
6												
7												
8												
9												
10												
	= 100	Relative Wertsumme 3:										

Abbildung 24: Analysetool „Image"

Kundennutzen optimieren

Auswertung und Portfolio

Relation I

Bereits die beiden Wertsummen „1" und „2" aus der Leistungs-Qualitäts-Analyse unter 4.1 können für jeden Wettbewerber in ein erstes Customer's Value Portfolio (Relation I) in Abbildung 24 eingetragen werden. In diesem werden die erarbeiteten Qualitätspositionen „Leistung" und „Preisempfinden" aus Kundensicht in Bezug gesetzt und der Kundennutzen optisch dargestellt. Für die relativen Wertsummen ergeben sich dabei maximal 700 erreichbare Punkte auf jeder Achse.

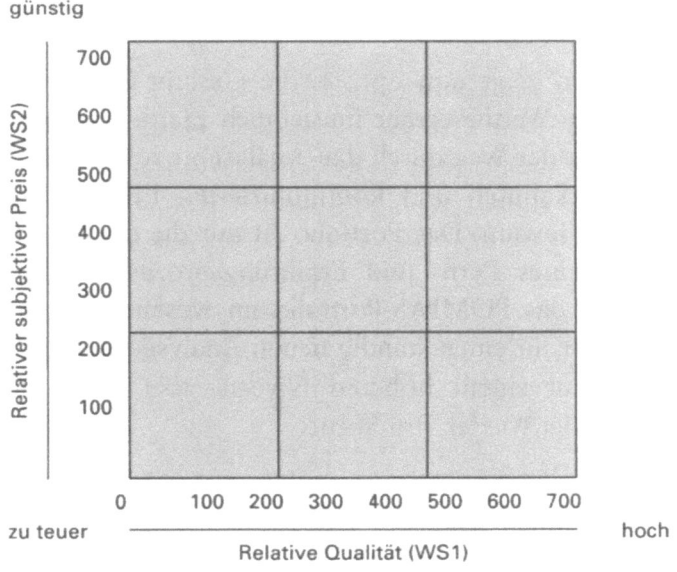

Abbildung 25: Relation I

Relation II

Für das weitere Portfolio (Relation II) in Abbildung 26 werden zunächst die Wertsummen „1" und „2" auf einen Nenner gebracht und zur „Relativen-Preis-Leistungs-Summe" (RPLS) relativiert. Dies geschieht mit Hilfe des Preis-Leistungs-Index nach folgender Formel:

RPLS = (Rel. Wertsumme 1 x [Index Qualität 1 + 2]) + (Rel. Wertsumme 2 x Index Preis)

Hier zeigt sich, ob der Anbieter im jeweiligen Markt den geforderten Kundennutzen bietet.

Der RPLS-Wert für jeden Wettbewerber wird dann auf der Y-Achse des Portfolios abgetragen und auf der X-Achse durch die zugehörige „Wertsumme 3", also das Ergebnis der Imageuntersuchung ergänzt.

Das Portfolio zeigt nun optisch die Gesamt-Unternehmens-Leistung der Wettbewerber hinsichtlich Hard- und Softfacts. Auch hier ist der Weg durch den Analyseprozeß und die dabei im Team erkannten und kommunizierten Erkenntnisse der eigentliche Gewinn. Das Portfolio ist nur die optische Dokumentation eines Lern- und Erfahrungsprozesses und dient ähnlich wie das POMPAS-Portfolio im wesentlichen als Fragengenerator für einen ständig neuen Analyse- und Planungsprozeß – auf einem höheren Niveau, aber auf Basis der erreichten Ziel wieder von vorne.

Die Relation II zeigt in einer Graphik, welchen Kundennutzen ein Unternehmen ingesamt aus Kundensicht zu bieten hat. Hierdurch wird eine strategische Position im Wettbewerb beschrieben.

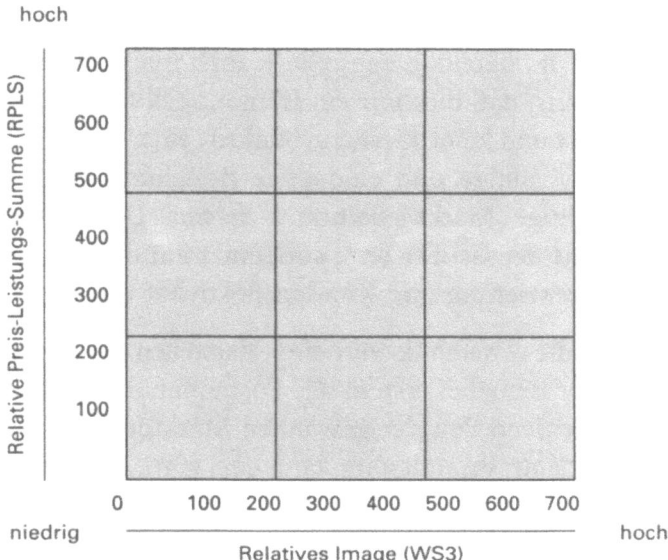

Abbildung 26: Relation II

Vorsprung vor dem Wettbewerber

▶ ist notwendige Voraussetzung für Erschließung und Erweiterung von Märkten den Auf-/Ausbau von Marktanteilen sowie Gewinnen und Halten von Kunden;

▶ eröffnet Möglichkeit günstiger Marketing- und Produktionskosten (Erfahrungskurve);

▶ schafft starke Position bei Preisdurchsetzung;

▶ schafft Eintrittsbarrieren gegenüber dem Wettbewerb;

▶ ist Basis für Rentabilität und langfristig erfolgreiche Position im Markt.

Daß Rentabilität (zum Beispiel als DB 1 definiert) und Marktanteil eines Unternehmens in Beziehung stehen, hat Porter (1992, S. 71 ff.) bereits dargestellt, jedoch mit dem ausdrücklichen Hinweis, daß dies nur ein Denkmodell für Basiszusammenhänge ist und keine Gesetzmäßigkeit; einer solchen würde eine objektiv gültige und eindeutige Beziehungsbasis – eine objektiv richtige Marktdefinition – fehlen. Der Beste muß nämlich nicht der Größte sein, sondern kann dies wie gezeigt durch Differenzierung und Kundeneffektivität erreichen.

Ohne hier die Thematik vertiefter darstellen zu wollen, ist wichtig zu wissen, daß erstens alle Positionen in Abbildung 27 ganz entscheidend von der gewählten Marktdefinition abhängen – eine kleine Veränderung kann eine ganz andere Position auf der Kurve bewirken – und daß zweitens – keine Position jemals statisch ist, sondern sich ein Unternehmen meist mehrere Positionen mit mehreren Leistungen, SGEs etc. besetzt und sich fließend zwischen diesen bewegt.

Wichtig ist die Erkenntnis, daß „eine von Unternehmen zu Unternehmen unterschiedliche Branchendefinition die Frage nach der Entscheidung über den jeweils besten Strategietyp für ein Unternehmen verlangt. Diese Entscheidung beruht auf der Auswahl derjenigen Strategie, die am besten auf die Stärken des Unternehmens zugeschnitten ist und am wenigsten von Konkurrenten gekontert werden kann" (Porter, 1992, S. 74).

Das Denkmodell in Abbildung 27 zu den Prinzipien der Strukturanalyse soll daher dem Analytiker und Strategen ermöglichen, den grundsätzlichen Zusammenhang zwischen Marktanteil und Rentabilität zu erklären. Eine eindeutige Beziehung gibt es allerdings nicht, es sein denn, man definiert den Markt einfach derart, „daß konzentrierten oder differenzierten Unternehmen hohe Marktanteile in einigen eng definierten Branchen

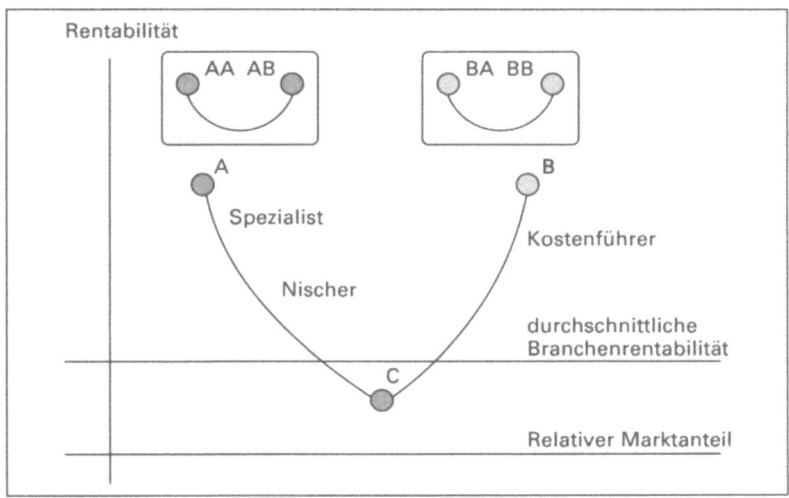

Abbildung 27: Beziehung Rentabilität-Marktanteil in Anlehnung an Porter

zugeordnet werden, während man die Branchendefinition bei den Unternehmen mit Kostenvorsprung breit läßt" (Porter, 1992, S. 74)

Grundsätzlich rentable Unternehmen positionieren sich in die Grund-Richtungen „A" oder „B". A als Nischer oder Spezialist, der unter Umständen einzigartige Leistung zu einem hohen Preis verkaufen kann. Bei Wettbewerb kann er unter den Spezialisten wieder AA (Superspezialist) oder Kostenführer (AB) sein. B hat als Kostenführer die Möglichkeit, diese weiter auszubauen (BB) oder trotz Größe eine gewisse Spezialisierung (BA) aufzubauen.

Strategische Optionen: Preis-Leistung

Zur Interpretation der Kundennutzen-Matrix – vor allem auch bei der Relation I – soll in Abbildung 28 eine Übersicht über die relativen Preis-Leistungs-Positionen im Wettbewerb dienen.

Im Vergleich zu jedem Wettbewerber, kann hierin eine Unternehmensleistung nach Preis und Leistung eingeordnet werden. Aus der relativen Lage kann die Wettbewerbssituation heute beurteilt und die anzustrebende Wettbewerbssituation in der Zukunft formuliert werden.

In Abbildung 28 sind auch die grundsätzlich mehr oder weniger erfolgversprechenden Positionen verdeutlicht.

Bei der Gegenüberstellung von Preis-Leistungs-Qualität und Image wird im vorgestellten Instrument idealerweise von einer Gleichwertigkeit beider Faktoren ausgegangen. Eine Selbsteinschätzung eines anderen Verhältnisses im Sinne eines Qualitäts-Preis-Indexes wie beim Leistungs-Preis-Index ist hier meines Erachtens wegen des hohen Subjektivitätsgrades wenig sinnvoll. Interessant könnte es jedoch sein, die Kunden hierzu einmal selbst zu befragen.

Durchführung in der Unternehmenspraxis

In der Praxis wird die Durchführung der beschriebenen Analyse zunächst als Eigenbilderhebung im Unternehmen selbst empfohlen, wobei es gilt, sich so objektiv wie nur möglich in den „Kopf des Kunden" hineinzudenken. Das Analyse-Team sollte deshalb eine Pluralität an Kenntnissen und Erfahrungen im strategischen wie taktisch-operativen Bereich repräsentieren, um ein möglichst realistische und objektive Gesamtsicht zu gewährleisten. Diese Selbstdiagnose zunächst im eigenen Unternehmen ist wichtig, um den internen Kenntnisstand zu diesen Fragen zu prüfen. Der Nutzen für den Anwender der Analyse liegt hierbei bereits im Durchführungsprozeß selbst: Man erfährt, was man wirklich über Markt, Kunden und Konkurrenten weiß, und übt kundenorientiertes Denken und Handeln.

		schlechter	gleich	besser	einzigartig
Preisposition	billiger	billiger, aber schlechter	billiger und gleich gut	billiger und besser	einzigartig und billig
	gleich	gleich teuer, aber schlechter	gleiche Leistung zu gleichem Preis	gleich teuer, aber besser	einzigartig zu vernünftigem Preis
	teuer	teurer und schlechter	teurer, obwohl nur gleich gut	teurer, aber dafür besser	einzigartig zu Höchstpreisen

Leistungsposition

■ nur im Ausnahmefall erfolgreiche Marktposition

■ unter Bestimmten Bedingungen erfolgreiche Marktposition

□ erfolgversprechende Marktposition

Interpretation:

Leistungsposition: Wie ist, aus Kundensicht, unsere Leistung in Relation zur Konkurrenz?
Preisposition: Wie teuer ist unsere Leistung im Vergleich zur Konkurrenz?

Abbildung 28: Preis-Leistungs-Optionen-Matrix

Auswertung und Portfolio

Fallbeispiel

Nachfolgend sollen ein Praxisbeispiel „Nutzfahrzeuge" mögliche Inhalte und Ergebnisse der Customer's Value Analyse verdeutlichen und dazu anregen, aufgrund der Ergebnisse und Positionen der einzelnen Wettbewerber einmal eine eigene Interpretation zu wagen und jeweils alternative Zielsetzungen und Strategien für die Wettbewerber zu formulieren.

Hinweis: Das gewählte Praxisbeispiel ist zum Zwecke der Tool-Präsentation grob auf Basis realer Marktinformationen erarbeitet, ersetzt aber keine Marktforschung oder konkrete Analyse im konkreten Fall.

Untersucht wurde das Marktsegment der Nutzfahrzeuge bis 7,5 Tonnen Gesamtgewicht in der Bundesrepublik Deutschland aus Sicht der Endkunden, das heißt der Nutzer beziehungsweise Investoren. Insgesamt wurden fünf Wettbewerber hinsichtlich des von ihnen erbrachten Kundennutzens miteinander verglichen. Nach den folgenden vier Analysetools gebe ich zur Beurteilung der Ergebnisse und zur Ableitung möglicher strategischer Stoßrichtungen einige Hinweise und Überlegungen.

Analyse der relativen Leistungs-Qualität aus Kundensicht

								Wettbewerber:			
Zeitraum	1994										
Marktsegment	Kleintransporter < 7,5 t in D										
Geschäftseinheit	Nutzfahrzeuge										

		Unser Unternehmen									
1. Qualitätsmerkmale aus Kundensicht	Gewichtung durch Kunde	Bewertung absolut						Bewertung relativ			
		- -		0			+-	Wir	Wettbewerb		
Leistungsfunktionsmerkmale		1	2	3	4	5	6	7	K1	K2	K3	K4
1 Ladevolumen	12						x		72	60	60	72	60
2 Nutzlast	12						x		72	60	60	60	60
3 Bedienerfreundlichkeit	7			x					21	35	21	28	35
4 Fahrverhalten	4				x				16	16	8	8	8
5 Einsatzflexibilität	5					x			25	20	20	20	20
6 Leistung	4				x				20	16	16	16	16
7 Sicherheit	8						x		48	48	24	24	24
8 Zuverlässigkeit	13						x		78	78	65	52	52

Auswertung und Portfolio

2. Qualitätsmerkmale aus Kundensicht	Gewichtung durch Kunde	Bewertung absolut							Bewertung relativ				
		—			0			+-	Wir	Wettbewerb			
Leistungsergänzungen		1	2	3	4	5	6	7	K1	K2	K3	K4	
1 Anzahl Mitfahrer	3				x				12	12	12	12	12
2 laufende Kosten	16				x				64	64	64	64	64
3 Servicenetz	12						x		72	72	60	36	36
4 Umweltfreundlichkeit	4				x				16	16	16	16	16
Soll = 100	100	Relative Wertsummen 1							516	497	426	408	403

3. Qualitätsmerkmale aus Kundensicht													
subj. Preisempfinden	= 100	x							100	200	400	500	500
	Relative Wertsummen 2												
	Relative Preis-Leistungs-Summen:								349,6	378,2	415,6	444,8	441,8

Preis-Leistungs-Index		Marktanteil:				
1. Qualität 1+2	60					
2. Preis	40	Obj. Relativer Preis:				
	= 100	wenn unser Preis = 100	% über oder unter Konkurrenz auf Basis 100			
Verhältnis von 1. und 2. in %						

Analyse des relativen Leistungs-Images aus Kundensicht												
								Wettbewerber:				
Zeitraum	1994											
Marktsegment	Kleintransporter < 7,5 t in D											
Geschäftseinheit	Nutzfahrzeuge											

Imagemerkmale aus Kundensicht	Gewichtung durch Kunde	Unser Unternehmen Bewertung absolut							Bewertung relativ			
		- -			0			+-	Wir	Wettbewerb		
1. Produktimage		1	2	3	4	5	6	7		K1	K2	K3	K4
1 Prestigewert	12						x		84	72	60	60	48
2 Statuscharakter	8						x		56	48	40	40	32
3 Dynamik	6			x					18	24	18	18	18
4 Seriöse Ausstrahlung	11						x		66	66	55	55	55
5 Zuverlässigkeit	11						x		66	55	44	44	33

Imagemerkmale aus Kundensicht	Gewichtung durch Kunde	Bewertung absolut							Bewertung relativ			
		—			0			+-	Wir	Wettbewerb		
2. Unternehmensimage		1	2	3	4	5	6	7		K1	K2	K3	K4
1 Verläßlichkeit	9					x			54	45	45	36	45
2 Technologieführerschaft	12						x		84	60	36	36	48
3 Kundenfreundlichkeit	8			x					32	32	32	32	32
4 Prestige	12						x		72	72	60	60	48
5 Erfolg	5						x		30	25	20	20	20
6 Weltoffenheit	6						x		36	30	42	18	24
	= 100	Relative Wertsumme 3:							598	529	452	419	403

Abbildung ••

Auswertung und Portfolio

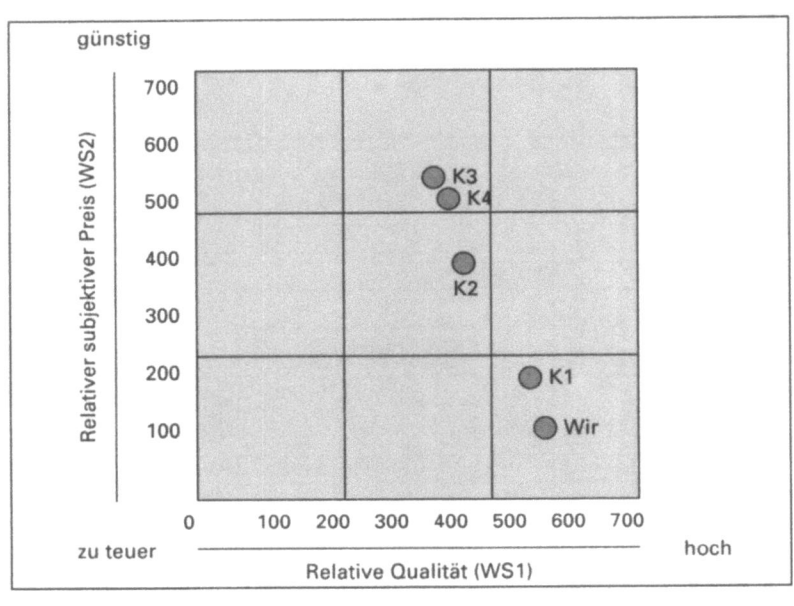

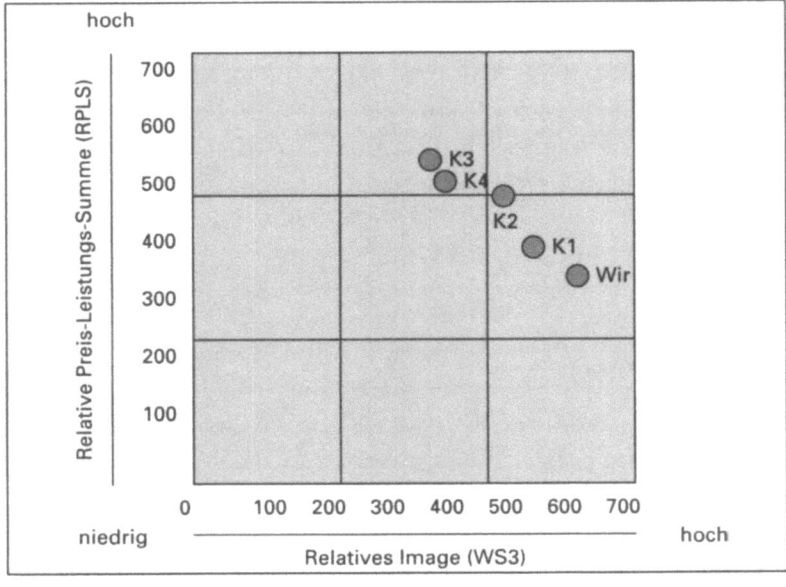

Abbildung 29: Relation I und II

Fazit aus Sicht des Fallstudienunternehmens „WIR" und mögliche grobe strategische Stoßrichtungen:

1. Für WIR ergibt sich ein leichter Qualitätsvorsprung vor K1; beide wiederum sind signifikant besser als die Wettbewerber K2 bis K4.
   Mögliche Ansatzpunkte zum Ausbau des Qualitätsvorsprunges könnten zum Beispiel Verbesserungsmaßnahmen im Bereich „Bedienerfreundlichkeit" sein, bei dem das Produkt von WIR unterdurchschnittlich abgeschnitten hat. Der Grundsatz, den Wettbewerber dort anzugreifen, wo er schwach ist und wo die Kunden hohe Präferenzen signalisieren, läßt insbesondere auf das Kriterium „laufende Kosten" schauen, das von allen Wettbewerbern nicht optimal befriedigt wird, dem der Kunde aber höchste Bedeutung beimißt. Hier wäre ein Wettbewerbsvorsprung vor der Konkurrenz anzustreben. Auch der Bereich „Zuverlässigkeit" könnte weiter optimiert werden.
   Alle Optimierungsoptionen sind dahin zu überprüfen, welche Verbesserungsinvestitionen für welchen Erfolg nötig sind und ob hierdurch spürbarer Kundennutzen geschaffen werden kann und der Kunde den Grad der Verbesserung als echten Nutzenvorteil auch erkennen kann. Dieser Maßstab bestimmt Art und Umfang jeder Verbesserungsmaßnahme.

2. Preislich wird das Produkt von WIR durch den Kunden als zu teuer empfunden, was dazu führt, daß trotz der hohen Produktqualität von WIR der Kunde wegen des zu hohen Preises das schlechteste Preis-Leistungs-Verhältnis sieht, das sich in der Relativen Preis-Leistungs-Summe ausdrückt und in der Relation I graphisch veranschaulicht ist.

3. Der bisherige Erfolg des Produktangebotes von WIR im untersuchten Marktsegment läßt sich trotz des schlechteren Preis-Leistungs-Verhältnisses mitunter im hohen Imagevorsprung vor dem Wettbewerb vermuten. Hier könnte eventuell über eine weitere Verbesserung der „Kundenfreundlichkeit" nachgedacht werden, die hinter dem Gesamtimage etwas zurückbleibt.

4. Aus der Relation II läßt sich sehr gut erkennen, daß die Wettbewerber in der Summe der Analysebereiche ein recht enges Wettbewerbsfeld besetzen. WIR hat deutlich das schlechteste Preis-Leistungs-Verhältnis mit dem besten Image, was aber die Frage aufwirft, ob das Image im Nutzfahrzeugmarkt in Zukunft die Defizite im Preis-Leistungsbereich noch ausreichend wird kompensieren können. Schenkt man Szenarien wie weitere Erhöhung von Treibstoffkosten, Steuern und Abgaben sowie Straßenbenutzungsgebühren Glauben, so ist es fraglich, ob sich der Betreiber eines Nutzfahrzeuges auch in Zukunft noch derart teures Image leisten will und kann, obwohl es Wettbewerber gibt, die ihm Produkte mit besserem Preis-Leistungsverhältnis anbieten können.

In dieser Situation muß eine strategische Option von WIR in der Reduktion des Preises unter Beibehaltung oder gar im Ausbau von Qualität und Image liegen. Mögliche strategische Stoßrichtungen könnten dabei sein:

a) besser und gleich teuer wie Wettbewerb,
aber auch
b) besser und billiger als der Wettbewerb
oder auch
c) gleich gut, aber billiger als der Wettbewerb
bei
d) herausragendem Image.

Alternative b) mit d) könnte möglicherweise eine interessante Strategie sein, um mit einer Kombination von „Non-Price-Marketing", also Qualitätsvorsprung und „Price-Marketing", also Preiswettbewerb die Strukturen im Markt grundlegend zu brechen und einen bisher nicht gebotenen Kundennutzen zu erreichen.

Ob eine solche Strategie sinnvoll und finanzierbar ist, wäre zu prüfen. Eine weitere zentrale Frage wird zuvor sein, ob der Markt und das dortige Image von WIR eine solche Neupositionierung zuläßt. Eine radikale Preissenkung bei der bestehenden Modellreihe könnte möglicherweise auf wenig Glaubwürdigkeit aus Kundensicht stoßen oder Zweifel an der Beibehaltung der bekannten Qualität hervorrufen. Auch wäre die Frage der Finanzierbarkeit der Umsatzverluste eventuell fraglich. Eine denkbare Lösung könnte sein, an der bestehenden Modellreihe nicht mehr zu modifizieren, sondern gemäß den Kundenanforderungen und der strategischen Neupositionierung eine neue Modellreihe parallel oder substitutiv zur alten auf den Markt zu bringen, die preisgünstige Basismodelle mit höchstmöglichem Kundennutzen bietet und sich modulartig aufstocken läßt.

Aber auch die Strategiealternative c) mit d) wäre mittelfristig denkbar, da bei dem vorhandenen Image auch bei gleicher Qualität und besseren Preisen als der Wettbewerb Marktanteile zu gewinnen sind. „Gleiche Qualität" könnte sogar aus heutiger Sicht eine leichte Verringerung der (Über-)Qualität bedeuten, ohne daß dadurch der Gesamtkundennutzen aus Kundensicht merklich verschlechtert wird. Hier ist aber Vorsicht geboten, da bei einem Qualitäts-Preis-Verhältnis von 60 zu 40 gerade in einem Investitionsgüterbereich der Kunde immer noch ein Übergewicht auf die Qualität legt.

Ich würde in der ersten Grobüberlegung zunächst die Alternative b) mit d) weiterdenken.

Wie würden Sie die Analyseergebnisse interpretieren?

4 Verknüpfungen von Markt-Portfolio und Kundennutzenanalyse

Alle bisher vorgestellten Methoden und Tools ergeben vor allem bei einer vernetzten Betrachtung interessante und wertvolle Zusammenhänge. Einige Vernetzungsmöglichkeiten möchte ich besprechen:

Relativer Wettbewerbsvorteil (RWV) und Preis-Leistungs-Summe (PLS)

Das *POMPAS-Portfolio* dient im Bereich der Untersuchung des „Relativen Wettbewerbsvorteils" dazu, den Stärkegrad eines Unternehmens im jeweiligen Untersuchungsbereich bei der Erfüllung marktspezifischer betriebs- und volkswirtschaftlicher Kriterien in Relation zum stärksten Wettbewerber (beziehungsweise dem für Sie relevanten Wettbewerber) zu hinterfragen. Es ist also schwerpunktmäßig konkurrenzorientiert.

Bei der *Kundennutzenanalyse* wird die Kundenanforderung und -orientierung alleine zum Leistungsmaßstab des Unternehmens.

Zwischen Kundenanforderung und dem im Wettbewerbsfeld betriebswirtschaftlich Machbaren und Möglichen kann es aus Unternehmenssicht durchaus ein Spannungsfeld geben. Da die

POMPAS-Analyse vorwiegend unternehmensintern erarbeitet wird, zeigt eine Gegenüberstellung der dort erarbeiteten „Relativen Wettbewerbsposition" mit den entsprechenden und vertiefteren Ergebnissen der Kundennutzenanalyse, ob diese aus Kundensicht ebenso eingestuft wird beziehungsweise wo Abweichungen vorliegen. Wertvoll ist diese gekreuzte Analyse vor allem dann, wenn die Daten der Kundennutzenanalyse nochmals durch direkte Kundenbefragung überprüft wurden.

Aber Vorsicht: Diese Vernetzungsrelation ist nur sinnvoll und aussagefähig, wenn die Untersuchungsfelder von POMPAS- und Kundennutzenanalyse identisch sind, also das gleiche Marktsegment, das gleiche SGF oder Produkt betreffen!

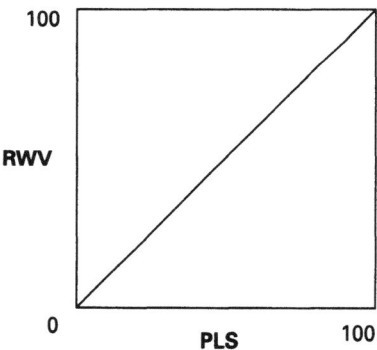

Abbildung 30: Verknüpfung von RWV und PLS

Da bei der POMPAS-Methode die Portfolioachswerte bis 100 und beim der Kundenutzenanalyse (Customer's Value) bis 700 gehen, ist die Preis-Leistungs-Summe PLS als Gesamtergebnis der Qualitätsbetrachtung innerhalb der Kundennutzenanalyse auf den gemeinsamen Nenner 100 umzurechnen.

Die Diagonale in der Matrix in Abbildung 29 würde alle Positionen umfassen, in denen Wettbewerbsposition und Kundennutzenerfüllungsgrad eines Unternehmens gleich ausgeprägt wären. Je nach Einzelfall, kann ein Vorsprung im einen oder anderen Achsbereich im Sinne eines Zugeffektes sinnvoll sein:

So kann zum Beispiel eine technologische Innovation als Vorsprung im relativen Wettbewerb helfen, Kundennutzen noch besser zu erfüllen, wenn dieser zumindest latent vorhanden ist, und der Kunde für die Technologie begeistert werden kann. Zum Beispiel kann die Innovation eines 64-MB-Chips, an dem derzeit japanische Unternehmen arbeiten die Computertechnologie erneut revolutionieren und noch mehr Daten auf noch weniger Raum noch schneller und effizienter verarbeiten helfen.

Andererseits kann aber auch Vorsprung in der genauen Orientierung am Kundennutzen zu neuen Technologien führen und diese nachziehen. Ein Praxisbeispiel hierzu sehe ich in einer aktuellen Situation im Skimarkt: „Atomic" war jahrelang einer der führenden Anbieter von sportlichen Hochleistungsski mit entsprechendem Image. Betrachtet man die Hintergründe genauer, so diktierte Atomic in den siebziger und achtziger Jahren produktorientiert die Nachfrage. Zu Zeiten einer Annemarie Moser-Pröll baute Atomic auf Rennsporterfolgen im Weltcup seinen Markterfolg auf und der „Atomic" in Torsionkastenbauweise galt unter sportlichen Skifahrern als „In"-Ski. An ihm hafteten Rennsporterfolge und die Skiprodukte vorwiegend in den Einsatzbereichen „Riesenslalom" und „Slalom" schienen nach Aussage der Werbung und damit in den Köpfen der Kunden selbst aus einem mittelmäßigen Läufer einen Star zu machen. Nomen est Omen: Selbst schwache Läufer quälten sich im Glauben an die Wirkung des Produktes mit Rennlatten ab, die ihnen tatsächlich oft keinen effektiven Nutzen brachten. Atomic hielt auch in den neunziger Jahren an diesem Konzept fest, und verschlief meines Erachtens dabei die Veränderung der Kundeneinstellung am Markt. Der Paradigmenwandel führte auch im Skisport zu einer Individualisierung und Heterogenisierung der Kunden. Diese begriffen, daß ihr Bedarf nicht in einem Produkt liegen kann, sondern in dem Nutzen, seine individuelle Vorstellung von Spaß und persönlichem Fahrerfolg im Skifahren zu realisieren. Sie begriffen auch, daß dazu nicht mehr der Ski taugen konnte, der aus Sicht des Verkäufers „Spitze" ist, sondern allein der, der ihren persönlichen Nutzen förderte. „In" war plötzlich der Ski, der aus Sicht des Kunden höchstmögliche individuelle Fahrfreude verlieh, egal wie er hieß und welcher Fahrkategorie er zugeschrieben wurde. Was zählte, war nicht mehr ein bestimmtes Produkt, sondern individueller Fahrspaß. „Salomon" zum Beispiel begriff diese Veränderung am Kundenmarkt sehr früh und stellte sich mit seinen Produkten und optimalem Marketing vor dem Wettbewerb auf den Kunden und sein Problem ein. Obwohl zu Beginn der achtziger Jahre technologisch zum Beispiel hinter Atomic, löste sich Salomon sehr geschickt mit neuen eigenen Maßstäben von alten Ski-Prestige-Klassen wie RS oder SL und baute Ski für den Individualisten. Alte Längen- und Klassenmaßstäbe wurden aufgelöst: der fehlerverzeihende Fun-Ski zum Beispiel steht neben dem Sportski, dem Allroundski, dem Spezial-Tiefschnee- oder Buckelpistenski. Ski werden nicht mehr nach Länge und Produktklasse, sondern nach Körpergewicht, Können und Einsatzbereich ausgesucht. Maßstab war allein der Kunde. Jeder ist mit jedem Ski „in", mit dem er selbst gut klarkommt. Salomon baute diese Kundenorientierung konsequent mit Systemlinien aus: Das abgestimmte Komplettequipement aus Bindung-Ski-Schuh mit innovativem Design und immer besserer Technologie. Die Technologie wurde von der Kundenorientierung nachgezogen und bestimmt. Die Salomon-Entwicklung des Monocoque-Skis ist der derzeit einzig echte Einschalenski am Markt: Er soll gegenüber dem traditionellen Torsionskastenski das Fahren auf der Kante und damit die Präzision und Leichtigkeit im Skilauf wesentlich erhöhen. Zudem sieht der Ski optisch mit abgerundeten weichen Linien gut aus. Der Wettbewerb versucht als Antwort mit der Power-Cap-Technologie nachzuziehen: Das Power-Cap ist aber nur optisch eine Nachahmung des Monocoques und ersetzt die alte aufgewalzte Oberflächenbeschichtung der Ski in einer ganzheitlichen Ummantelung.

Atomic hat als einer der Wettbewerber diese Entwicklung versäumt, und versucht nun den Anschluß. Ob der Weg aus der bekannten Krise gelingt, bleibt abzuwarten. Sie scheint in jedem Fall im Kern ein Managementfehler zu sein!

Im Rahmen der Matrix in Abbildung 30 kann auch die Einbeziehung der Softfacts aus der Imagebetrachtung der Kundennutzenanalyse interessant sein, so daß in Abbildung 30 anstelle der PLS dann der Wert QI in der X-Achse der Matrix eingesetzt wird. Zur Bestimmung des Wertes QI müssen PLS und Imagewert (Wertsumme 3) zu einem Wert zusammengefaßt werden:

(PLS + Wertsumme 3) : 2 = Qualität/Image QI

Hierbei kann man idealerweise von einer Gleichwertigkeit von Imagewert und PLS ausgehen, wie in der vorstehenden Formel, oder aber ein entsprechendes Verhältnis annehmen. Der Wert QI erweitert die ganzheitliche Betrachtung des Kundennutzenerfüllungsgrades aus Kundensicht.

Marktattraktivität und Preis-Leistungs-Summe (PLS)

Die Gegenüberstellung der Werte bezüglich der „Marktattraktivität" zur Preis-Leistungs-Summe PLS kann nochmals zum Nachdenken darüber anregen, welche Kundennutzenstrategien und -aufwendungen im jeweiligen Untersuchungsfeld vor dem Grad der Marktattraktivität sinnvoll beziehungsweise notwendig und hinreichend sind. Auch hier gibt es keine Pauschalaussagen, sondern alle Daten müssen ausdiskutiert und ganzheitlich unter Einbezug aller Einflußvariablen interpretiert werden.

Grundsätzlich kann gelten: Je attraktiver der Markt, je mehr lohnt es sich, in die relative Verbesserung des Kundennutzens zu investieren. Es kann aber auch überlegt werden, inwieweit Märkte durch Schaffung von Kundennutzen, durch frühzeitige Beeinflussung der Entwicklung von Bedürfnissen geschaffen werden können. Dies ist individuelle zu prüfen und auszudiskutieren.

In Abbildung 31 wird die Y-Achse gegenüber Abbildung 30 durch die Werte der „Marktattraktivität" MA ersetzt. Die Diagonale dient als Fragengenerator: Auf ihr treffen sich alle Werte, bei denen der Grad der Kundennutzenerfüllung und die Attraktivität des Marktes in gleichwertiger Relation zueinander stehen. Ist es zum Beispiel sinnvoll nur soviel Nutzen zu bieten, wie der jeweilige Markt für das Unternehmen attraktiv ist? Oder sollte ein Unternehmen in jedem Markt, in dem es sich entschlossen hat, tätig zu sein, unabhängig von der Marktattraktivität höchstmöglichen Kundennutzen bieten? Wieviel darf oder muß es hier sinnvollerweise investieren? Ist die Marktattraktivität im Rahmen des POMPAS also eher eine grundsätzlich Frage ob ein Unternehmen diesen Markt überhaupt bearbeiten soll?

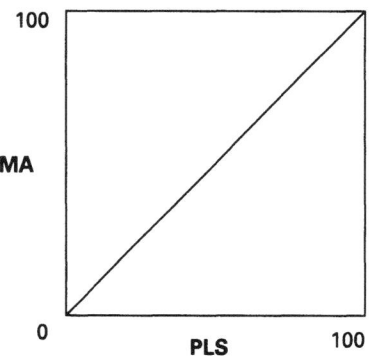

Abbildung 31: Verknüpfung von MA und PLS

Wie bereits aufgezeigt, kann auch hier die Sichtweise von PLS in QI erweitert werden. Die dortigen Ausführungen gelten entsprechend.

Kundenattraktivität: A-B-C-Kundenanalyse und Preis-Leistungs-Summe (PLS)

Der Anbieter sollte nicht nur für den Kunden interessant sein, sondern in einer guten Marktpartnerschaft sollte aus betriebswirtschaftlicher Sicht auch der beworbene Kunde für den Unternehmer erfolgsbringend und rentabel sein. Ergänzend zu den Relationen unter 5.1 und 5.2 kann mit der Gegenüberstellung von A-B-C-Analyse und PLS diskutiert werden, ob sich die Investition in höchstmögliche Kundennutzenerfüllung strategisch lohnt.

Wer bislang den Kunden hinsichtlich seines Bedarfs in einem bestimmten Markt global untersucht hat, der kann weiteren Nutzen daraus ziehen, wenn er die Customer's Value Analyse nach den A-B-C-Kundengruppen differenziert betrachtet, um jeder Kundenzielgruppe den richtigen Nutzen mit bestmöglicher Rentabilität zu bieten.

Zur besseren Veranschaulichung der vernetzten Beziehung kann sich folgende Matrix eignen:

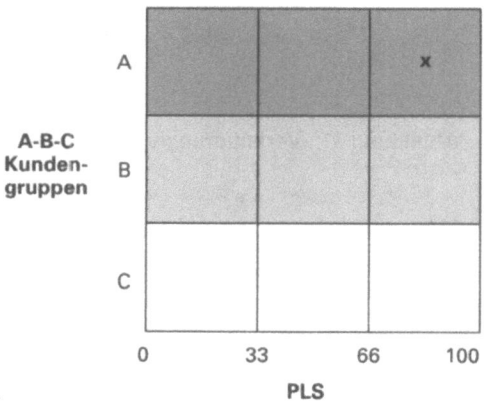

Abbildung 32: Verknüpfung von A-B-C-Kundeneinstufung und PLS

Bei einem A-Kunden sollte die Besetzung des oberen rechten Feldes strategisches Ziel sein: Top-Preis-Leistungs-Verhältnis für Top-Kunden. Bei B- beziehungsweise C-Kunden ist differenziert zu entscheiden, welches Preis-Leistungs-Verhältnis hier angebracht und sinnvoll ist.

PLS kann auch hier durch QI ersetzt werden.

Betrachtet man alle Auswertungen zusammen, so läßt sich der notwendige und sinnvolle Harmoniegrad von Marktattraktivität, Wettbewerbsvorteil, Kundennutzenerfüllung und Wertschöpfung pro Kundengruppe herausarbeiten.

Kundennutzen und Unternehmensnutzen

Ergänzend ist es interessant, den erzielten Kundennutzen mit dem Unternehmensnutzen in Relation zu bringen. Hierbei wird für den Kundennutzen wiederum die Preis-Leistung-Summe (PLS) für zum Beispiel die SGFs eines Unternehmens verwendet.

Eine solche Nutzenbewertung für das Unternehmen kann vor allem bei Projektleistungen wertvoll sein, um neben der Zufriedenheit des Kunden auch den Nutzen des Unternehmens, zum Beispiel in Know-how-Gewinn, zu erforschen. Möglicherweise lassen sich aufgrund wertvoller Erkenntnisse aus einmaligen Projektergebnissen Produkte ableiten und entwickeln oder neue Märkte erschließen.

Der Unternehmensnutzen wird im wesentlichen durch folgende Kriterien geprägt:

▶ Preis-Kosten-Relation pro Kunde (hier sind die Kennzahlen aus der obigen A-B-C-Kundenanalyse interessant, insbesondere der mit einem Kunden erzielte Deckungsbeitrag, Auftragsgröße, Verwaltungs- und Logistikaufwand etc.;

▶ Imagegewinn durch Referenzkunde;

▶ Know-how-Gewinn durch Auftragsdurchführung, Zusammenarbeit mit Kunden in Projekt, Produkentwicklung, Markterschließung etc.

Für die Bewertung der Kriterien kann die gleiche Vorgehensweise und Methode angewendet werden, wie bei der besprochenen POMPAS-Methode: Die Kriterien werden gewichtet und nach Erarbeitung eines individuellen Bewertungsmaßstabes zwischen 1 und 10 bewertet. Die erarbeiteten Ergebnisse können dann in die Matrix in Abbildung 32 eingetragen werden.

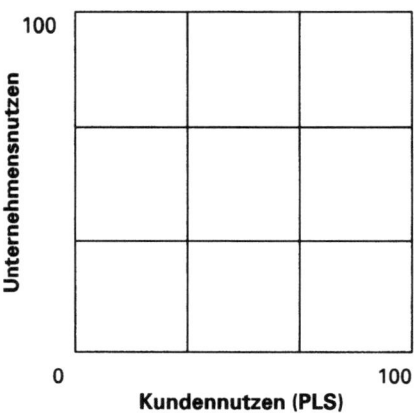

Abbildung 33: Verknüpfung von Kundennutzen und PLS

Wichtig ist, darauf hinzuweisen, daß zum Beispiel im Falle der Analyse von Produkten nicht nur die bestehenden, sondern auch die in Entwicklung befindlichen Produkte in das Portfolio eingestellt werden sollten, um das Zusammenspiel zwischen Produktprogramm und Forschung und Entwicklung im Sinne einer integrierten Produkt-Leistungs-Strategie zu überprüfen.

5 Aktionsplanung

Auf die Umsetzung kommt es an! Die auf Basis der bisher vorgestellten Methoden und Tools erarbeiteten strategischen Zielsetzungen und Stoßrichtungen müssen nun auf allen Ebenen eines Unternehmens mit konkreten Einzelstrategien und Maßnahmen im Rahmen einer ganzheitlichen Unternehmens-Leistungspolitik bis hin zu operativen Maßnahmen umgesetzt werden.

Eine leistungspolitische Maßnahme orientiert sich dabei vor allem an der Wettbewerbsstellung sowie an den Kundenanforderungen. Diese liegen aufgrund obiger Analysen in der IST-Form vor und entwickeln sich nicht nur während der Entwicklungszeit der Soll-Leistung, sondern auch während des Lebenszyklus der marktplazierten Leistung weiter. Auf dieser Zeitachse treten mögliche Einflüsse auf, die mit analysiert, prognostiziert und szenariohaft vorausschauend und soweit nur möglich berücksichtigt werden sollten.

Hierbei können Einflüsse die Kundenanforderungen verändern oder betriebs- und volkswirtschaftlich etc. auf die Leistungsfähigkeit des Anbieters einwirken. Alle prognostizierbaren Einflußvarietäten bieten hierbei Risiken und Chancen, sind von unterschiedlicher Wirkungsintensität, die Wahrscheinlichkeit ihres Eintretens und auch der Zeitpunkt des Eintritts sind ungewiß, jedoch für eine Planung interessant.

Abbildung 34 soll die sieben Stufen einer szenario- und prognoseorientierten Planung in der Leistungspolitik eines Unternehmens nochmals verdeutlichen.

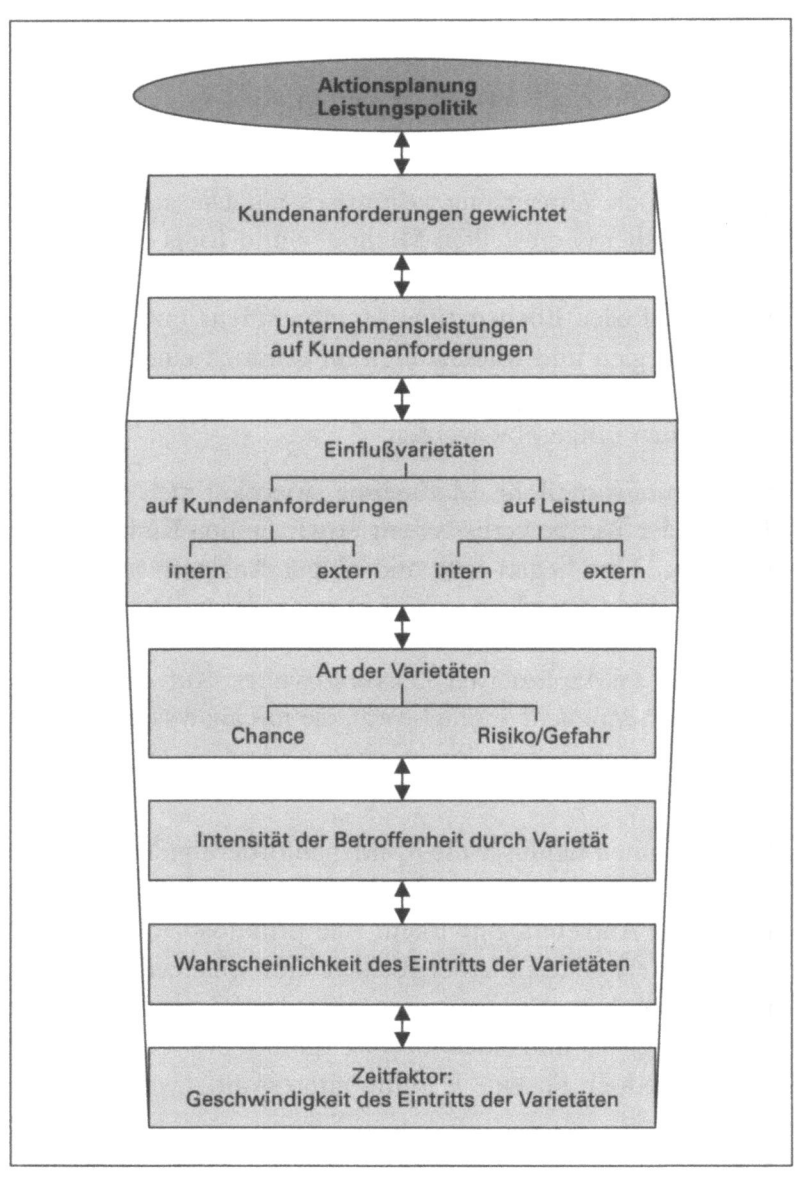

Abbildung 34: Planungsstufen der Leistungspolitik

Aktionsplanung

Ich habe eine systematische Vorgehensweise entwickelt, mit der die sieben Planungsstufen aus Abbildung 34 in konkrete Aktionen umgesetzt und abgearbeitet werden können. Die Erkenntnisprozesse und zu diskutierenden Szenarien sind der entscheidende Praxisnutzen.

Begriffsbestimmungen/Definitionen

KA Qualitätsanforderungen aus Kundensicht aus der „Qualität 1 + 2-Analyse" (siehe Customer's Value Portfolio); hier sind der Analyse zunächst die einzelnen Leistungsanforderungen (Haupt- und Nebenleistungen) voranzustellen und dann hinsichtlich der folgenden Kriterien zu untersuchen:

GF Gewichtung aus Kundensicht aus „Qualität 1 + 2-Analyse"; hier ist der Gewichtungsfaktor in Prozent aus Kundensicht aus der „Qualität 1 + 2-Analyse" zum jeweiligen KA zu übernehmen.

Leistung unsere Leistungen heute auf die jeweiligen Kundenanforderungen; hier sind die einzelnen IST-Leistungen zur Befriedigung der jeweils vorangestellten Kundenanforderung aufzuführen. Es können mehrere Leistungen zur Erfüllung der Kundenanforderung aufgeführt werden.

Einfluß-varietäten Beschreibung der Szenarien, die auf die Leistungsgestaltungspolitik einwirken können; hier kommen Varietäten in Betracht, die einerseits die Kundenanforderung selbst für den Unternehmer positiv wie negativ beeinflussen, verändern, substituieren oder ganz entfallen lassen und andererseits die

Leistungsgestaltung beim Unternehmer positiv wie negativ beeinflussen können. Positive Veränderungen stellen dabei hier „Chancen" und negative Veränderungen „Risiken beziehungsweise Gefahren" dar.

Interessant ist dabei auch zu überlegen, welche Ursachen die Varietäten haben und ob sie dabei jeweils interne oder externe Ursachen haben, also zum Beispiel in der direkten Kundensphäre entstehen oder in dessen zum Beispiel gesellschaftlichen Umfeld.

Entsprechend werden die möglichen Ursachen nach intern (VI) und extern (VE) spezifiziert.

EW Eintrittswahrscheinlichkeit der Varietät; hier ist mittels Szenarien und Prognosen zu überlegen, wie wahrscheinlich grundsätzlich der Eintritt der Varietät ist.
Bewertet kann dies zwischen 0 (überhaupt nicht) bis 5 (sehr wahrscheinlich) werden.

COVI Index für den wahrscheinlichen Wirkungsgrad der Varianz im Falle des Eintritts, das heißt Intensität der Wirkung und Beeinflussung bei Eintritt auf die Faktoren „Kundenanforderung" und „Leistung".
Schwierig erscheint es hierbei vor allem, eine vernetzte Darstellung der Wirkungsgrade der Varietäten auf „Kundenanforderungen" und „Leistung" über einen gemeinsamen Nenner auszudrücken, weil ja positive wie negative Einflüsse in beiden Bereichen die unternehmerische Planung signifikant beeinflussen können.

	Mit dem „Chart of Variety Influences" (COVI) soll ein Lösungsversuch unternommen werden.
ZF	Zeitfaktor für den möglichen Eintritt der Varietät hier ist mit einer Bewertung zwischen 1 und 5 Punkten (langsam bis schnell) zu überlegen, in welchem Zeitrahmen die Varianz im Falle ihres Eintritts Wirkungen erzeugen kann.
AK	Aktionskoeffizient dieser stellt einen Versuch der vernetzten Darstellung aller Analysefaktoren durch Fokussierung auf eine Maßzahl dar.

Hierbei spielen die Einflußfaktoren „Bedeutung der Leistungsanforderung für den Kunden", „Wahrscheinlichkeit des Eintritts beeinflussender Varietäten", mögliche „Intensität der Wirkung im Eintrittsfalle bei Kundenanforderung und Leistungserstellung", Chancen und Risiken/Gefahren sowie „Geschwindigkeit eines Eintritts" eine Rolle. Die Formel zur Berechnung des AK lautet:

$$AK = GF \times EW \times COVI \times ZF$$

Vorgehensweise

Die einzelnen Themenbereiche in Abbildung 34 werden in folgenden Schritten bearbeitet:

1. Schritt:

In der Analyse- und Planungsmatrix in Abbildung 35 wird zunächst die Kundenanforderung KA im Rahmen eines be-

für Kundenanforderung **KA**: _____
Gewichtungsfaktor **GF** in Prozent aus Kundensicht: _____

Unsere Leistungen zur Kundenanforderung (bitte beschreiben)	Mögliche Einflüsse (bitte beschreiben und COVI-Analyse machen)	EW	COVI	ZF	AK	Fazit, Bemerkungen

AK = GW x EW x COM x ZF   arithmetisches Mittel aller AKs = _____ = Aktionskoeffizient **AC**

Abbildung 35: Planungsmatrix

140 Aktionsplanung

stimmten Untersuchungsfeldes eingetragen, die sich auf Basis der Analysen in den Kapiteln 3 bis 5, besonders 4 als strategisch bearbeitungsbedürftig erwiesen hat. Auch wird das Gewicht GF dieser Kundenanforderung aus der Kundennutzenanalyse in Kapitel 4 übertragen.

In der linken Spalte „Unsere Leistungen zur Kundenanforderung" werden nun nacheinander die konkreten Leistungsmaßnahmen aufgelistet, mit denen den jeweiligen Kundenanforderungen und insoweit herausgearbeiteten Unternehmenszielen begegnet werden soll.

2. Schritt:

In der Planungspraxis gibt es zu jeder Zielplanung mögliche Störszenarien, die sich im Laufe eines Planungszeitraumes durch betriebs- oder volkswirtschaftliche, gesellschaftliche und politische Einflüsse ergeben können und deren Eintritt unterschiedlich wahrscheinlich beziehungsweise von Wirkung und Intensität ist.

Störszenarien können dabei im Rahmen der Leistungserstellungen im Unternehmen oder in dessen Umfeld ihren komplexen Ursprung haben. Parallel dazu kann sich aber das Planungsobjekt, nämlich der Markt, respektive die Kundenanforderung, verändern, woraus sich ein mehrdimensionales Szenariofeld ergibt.

Diese möglichen aktiven Störeinflüsse im Bereich der Leistungserstellung, als auf Unternehmensseite und auf Kundenseite im Bereich der Bedarfsentwicklung gilt es nun herauszuarbeiten und in die Spalte „Mögliche Einflüsse" in Abbildung 35 aufzulisten. Diese Störeinflüsse nenne ich auch „Varietäten".

3. Schritt:

Jede erarbeitete Varietät wird nun anhand eines speziellen Tools in Abbildung 36 (COVI) weiter bearbeitet. Es wird geprüft, in welcher Art und Intensität hierdurch die Kundenanforderung (Y-Achse) beziehungsweise die Leistung einer Unternehmens (X-Achse) tangiert werden kann.

Neben der grundsätzlichen Einstufung nach „nicht/kaum", „mittel" und „hoch" sollte zusätzlich notiert werden, was konkret darunter zu verstehen ist. Hierbei kann sich ein Einflußszenario grundsätzlich als Chance (C) und als Risiko (R) erweisen.

Im Ergebnis der COVI-Analyse nach Abbildung 36 ergibt sich für jede Varietät ein Zahlenwert zwischen 1 und 9 sowie ein zweistelliger Buchstabencode, der aus C oder R bestehen kann. Der erste Buchstabe ergibt sich aus der X-Achse, der zweite aus der Y-Achse.

Beispiel:
6 C/R bedeutet: Der Faktor „Kundenanforderung" ist durch eine Varietät betroffen, die für die Entwicklung der Kundenanforderung positiv sein kann, gleichzeitig aber sehr intensiv ein Risiko im Bereich des Faktors „Leistung" darstellt. Dies könnte dann der Fall sein, wenn zum Beispiel sich Kundenanforderung derart verändern, daß sie zu erhöhter Nachfrage führen können, gleichzeitig aber das Unternehmen mangels Kapazität hierfür nicht gerüstet ist und diese auch nicht zeitgerecht aufbauen kann.

Die nach Abbildung 36 erarbeiteten Daten werden in die Spalte „COVI" in Abbildung 35 zu jeder Varietät übertragen.

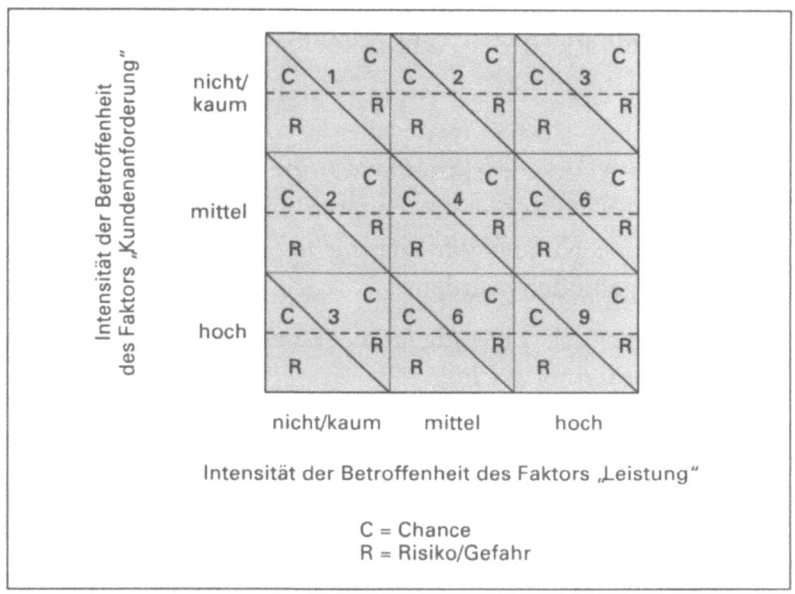

Abbildung 36: Art und Intensität der Betroffenheit durch Varietäten (Chart of Variety Influences COVI)

4. Schritt:

Im vierten Arbeitsschritt wird die Eintrittswahrscheinlichkeit EW entsprechend der Definition unter 6.1 für jede Varietät diskutiert und der Einstufungswert in der Spalte EW in Abbildung 35 übertragen.

Entsprechend den Definitionen unter 6.1 wird der Zeitfaktor ZF hinsichtlich der möglichen Eintrittswahrscheinlichkeit einer Varietät erarbeitet und in Spalte ZF in Abbildung 35 übertragen.

5. Schritt:

Durch Multiplikation der für jede Varietät erarbeiteten Werte GF (dieser Wert ist jeweils für alle Varietäten in Bezug auf eine diskutierte Kundenanforderung gleich), EW, COVI und ZF wird für jede Varietät der Aktionskoeffizient AK errechnet.

6. Schritt:

Der Gesamt-Aktionskoeffizient AC errechnet sich aus dem arithmetischen Mittel der erarbeiteten AKs aller Varietäten in Bezug auf eine Kundenanforderung in Abbildung 35 die zu diesem KA gefunden wurden.

Dieser ist für das Leistungsmanagement hinsichtlich einer Kundenanforderung wichtig.

Beispiel:

Zu einer Kundenanforderung wäre lediglich eine Varietät gefunden worden. Diese wurde aus Kundensicht relativ hoch, zum Beispiel mit 15 Prozent gewichtet. Die Eintrittswahrscheinlichkeit wäre 4, der COVI 6C/R und der Zeitfaktor 5. Hieraus errechnet sich ein AK (hier = AC) von 18 mit Chancen bezüglich der Entwicklung der Kundenanforderung und gleichzeitigen Risiken für die Leistungserbringung im Unternehmen. Dies drückt einen hohen Grad von Turbulenzwahrscheinlichkeiten aus und zeigt Handlungsbedarf an. Dieser ist hinsichtlich der Chancen und Risiken zu konkretisieren.

Theoretisch könnte sich beim Vorliegen einer einzigen Kundenanforderung in der entsprechenden Analyse ein Maximalwert von 100 % x 9 x 5 x 5 = 225 errechnen. Die Praxis zeigt, daß aufgrund vieler Bewertungskriterien Einzelgewichtungen ab 15 Prozent schon recht hoch sind. Ein hoher AC signalisiert hohe Turbulenzwahrscheinlichkeit.

Soweit der Eintritt einer Varietät überhaupt wahrscheinlich ist, also mindestens mit 1 bewertet wird, so liegen Werte, die geringe Turbulenzen signalisieren erfahrungsgemäß unter 0,2:

Beispiel:

3 % x 1 x 1 x 1 = 0,03

Der Aktionskoeffizient AC als arithmetischer Mittelwert aller AKs hat nunmehr Bedeutung für ein Aktionsplanungs-Portfolio zur Optimierung der Leistungspolitik in Relation zum Wettbewerb. Eine solche Planung erfolgt als abschließender Schritt im „Aktionsplanungs-Portfolio-Kundennutzen" für die jeweilige Unternehmensleistung zur Erfüllung eines bestimmten Kundennutzens.

7. Schritt:

Nun sind wiederum die absoluten Bewertungsergebnisse aus der Kundennutzenanalyse in Kapitel 4 zu den einzelnen Kundenanforderung heranzuziehen. Dort wurde der Erfüllungsgrad jeder Kundenanforderung durch die angebotenen Leistungen der Wettbewerber jeweils mit einer Bewertungspunktzahl 1 und 7 absolut bewertet.

Für den letzten Schritt im Rahmen der Aktionsplanung ist nunmehr der Bewertungsabstand zwischen der Bewertung des eigenen Unternehmens und des (stärksten) Wettbewerbers in Bezug auf den Erfüllungsgrad der einzelnen Kundenanforderung zu errechnen. Hierbei ist es Definitionssache, an welchem Wettbewerber man sich orientiert:

Man kann sich am relativ stärksten Wettbewerber orientieren, also an dem, der aufgrund aller relativen Bewertungsergebnisse die höchste Spaltensumme erzielt hat.

Im Sinn des Benchmarking kann es auch sinnvoll sein, sich für jede Kundenanforderung gesondert jeweils an dem Wettbewerber zu orientieren, der diese aus Sicht des Kunden bestmöglich erfüllt hat.

Der Grad der Über- oder Unterlegenheit errechnet sich aus der Differenz der eigenen Bewertungszahl pro Kundenanforderung und der des gewählten Wettbewerbers. Wurde die Leistung des eigenen Unternehmens schlechter als die des besten Wettbewerbers bewertet, so wird dieser Wettbewerbsnachteil mit einem Minuszeichen vor dem Differenzwert ausgedrückt. Wurde sie besser bewertet, so wird der Wettbewerbsvorteil positiv ausgedrückt.

Im Aktionsplanungsportfolio in Abbildung 37 wird nun jede Kundenanforderung als Schnittpunkt zwischen dem jeweiligen Grad der Über- oder Unterlegenheit sowie dem zugehörigen AC-Wert eingetragen.

Je nach Turbulenzgrad und Wettbewerbsstellung ergibt sich für jedes Leistungsangebot bezüglich einer Kundenanforderung eine Punktlage in einem der vier grundsätzlichen Aktionsfelder der Matrix in Abbildung 37. Die Aktionsbereiche der vier Felder lassen sich wie folgt abstecken:

Feld 1: verbessern, verändern, Innovationen
Feld 2: halten, ausbauen, Trend anpassen
Feld 3: eventuell eleminieren, wenn möglich und sinnvoll
Feld 4: selektive Strategien aus Feldern 1 bis 3

Wichtig ist, jede Leistung in bezug auf eine bestimmte Kundenanforderung aufgrund ihrer Lage im Aktionsfeld der Matrix in Abbildung 37 genau zu hinterfragen und eine individuelle Planung zu erarbeiten. Die feldimmanenten Basisaktionen der einzelnen Matrixfelder sind hierbei nur ein Anhaltspunkt. Entscheidend sind die Ergebnisse der sieben Planungsschritte.

pro Merkmal	Aktionsplanungs-Portfolio Kundennutzen													
Aktionskoeffizient (AC)														
sehr hoch	ab 40	verbessern, verändern						halten					
	ab 25	Innovationen						ausbauen					
hoch	ab 10									Trend anpassen			
	ab 7													
mittel	ab 2													
	ab 1,5													
	ab 1,2													
niedrig	ab 0,8													
	ab 0,2													
sehr niedrig	unter 0,2	evtl. eleminieren						selektive Strategie					
		-7	-6	-5	-4	-3	-2	-1	1	2	3	4	5	6	7
		Grad der Über- oder Unterlegenheit zum Konkurrenten													
		Wettbewerbsnachteile							Wettbewerbsvorteile						
Interpretation														
		Strategische Aktionen bzgl. der IST-Merkmale													
		weitgehend unwichtig:													
		halten:													
		verbessern, verändern:													
		Wertanalyse aus Kundensicht; selektives Vorgehen:													

Abbildung 37: Aktionsplanungs-Portfolio Kundennutzen pro Merkmal

Vorgehensweise

6 Kann das Marketing das Reengineering promoten?

Bislang habe ich Denkansätze und Tools aufgezeigt, wie das Marketing Reengineering-Aufgaben wahrnehmen kann beziehungsweise selbst zu reengineeren ist. Entscheidend ist aber nun die Umsetzung im ganzen Unternehmen, also die Frage, ob und welche Wege es gibt, Marketing so wie dargestellt umzusetzen, oder ob meine Vision von Marketing eine Utopie ist.

Bei aller Begeisterung für ein visionäres Marketing-Management, für Reengineering und Prozeßdenken darf man nicht übersehen, daß die Umsetzung all dieser Ideen kein Spaziergang ist. Reengineering bedeutet Change:

▶ Change im Denken

Betrachten wir verkrustetes Denken, so dürfen wir nicht vergessen, daß es in der Natur des Menschen liegt, eher seinen liebgewonnenen (wenn auch vielleicht falschen) Denkstatus zu verteidigen, als mit „fliegenden Fahnen" sich neuen (wenn auch richtigen) Denkmodellen anzuschließen. Das neue Unternehmen wird sich in seinen Strukturen und Abläufen signifikant von dem bisherigen unterscheiden. Hier wird es Aufgaben und Projekte statt Positionen und Hierarchien geben. Letztere stehen nach heutiger Denke aber noch sozialem Status gleich, und man kann oder will sich nicht vorstellen, daß die neuen Aufgaben vielleicht eine bessere Karriere, mehr persönliche Befriedigung und Teamerfolg eröffnen. In einigen Reengineering-Projekten der vergangenen Monate habe ich selbst erlebt, welche Unruhe das Durchsickern erster neuer Organisationsmodelle auslöst, vor allem, wenn Abteilungen und Bereiche dort nicht mehr wie gewohnt zu finden waren. Verunsicherung, Demotivation, Grabenkämpfe und eine Flut von Zwischenzeugnisanforderungen waren nur einige Folgen und mußten in den Griff bekommen werden. Hier ist Information und Überzeugungsarbeit nach innen gefordert. Es muß gezeigt werden, was Marketing-Management bewirken kann und welche Tools sinnvoll in der täglichen Arbeit zur Umsetzung eingesetzt werden können.

Eine Aufgabe für Marketing als internes Kultur- und Arbeitsmotivationsmanagement!

▶ **Change in der Struktur**

Wir dürfen auch nicht vergessen, daß große Unternehmen bei aller Prozeßorientierung gar nicht ohne „Abteilungen" zu führen sind. Sicher wäre die Endvison ein Unternehmen ohne eine Marketingabteilung, weil diese nicht mehr notwendig sein wird, da überall im Unternehmen Marketing gedacht und gelebt wird. Aber wir brauchen auch weiter Teams von Fachleuten, die Spezialfunktionen im operativen Marketing erfüllen. Daher wird die „Marketingabteilung" nicht aussterben, sondern nur eine Aufgabe in neuen Dimensionen wahrnehmen: Ich stelle mir die Marketingabteilung aufgesplittet in kleine flexible Projektteams vor, die stabsmäßig im Geschäftsprozeß operative Marketingleistungen dort erbringen, wo sie benötigt werden. Unabhängig davon muß das strategische Marketing in den Geschäftsbereichen erfolgen, die direkte Markt- und Kundenverantwortung haben.

Die Vision der Abteilungslosigkeit wird bei aller Kommunikationstechnologie von geographischer und räumlicher Distanz zumindest erschwert. Sie teilt bereits ab!

Reengineering in Richtung integrierten Marketings kann nur funktionieren, wenn es gelingt, marketingorientiertes Denken und Handeln in jede dieser Abteilungen zu tragen und den Mitarbeitern dort vorzuleben und begreiflich zu machen, weshalb sie zum Beispiel im Mahnwesen auch eine Marketingaufgabe (führen Sie sich bitte einmal die Mahnschreiben mancher Unternehmen vor Augen) wahrnehmen, wie diese aussehen kann und was in diesem Zusammenhang von ihnen erwartet wird. Schulungen können diese vorgelebte Veränderung unterstützen aber niemals ersetzen. Marketing kann so auch aus Keimzellen heraus entstehen und muß sich ausbreiten.

▶ **Change in rechtlichen, politischen und sozialen Strukturen**

Und letztlich müssen wir bedenken, daß wir zum Beispiel in Deutschland in einem arbeitsrechtlich ausgesprochen stark geregelten Land leben, wo der proklamierte Umbau eines Unternehmens nicht einfach dem Direktionsrecht des Arbeitgebers untersteht, sondern eine Fülle individual- und kollektivrechtlicher Hürden zu überwinden sind. Hier wird auch eine soziale Umdenke erforderlich sein, die gerade bei den Kollektivparteien – wenn überhaupt – nur langsam und mit viel Überzeugungsarbeit zu leisten ist. Auch hier setzt Stakeholder-Marketing im Dialog mit Politik, Arbeitnehmerschaft und Sozialbehörden an! Denn deren Zustimmung und Unterstützung brauchen wir beim Umbau!

Reengineering ist damit das Marketing einer neuen Denke gegenüber allen Stakeholder! Nur wenn diese die notwendige Veränderung kennen, erkennen und begreifen, können sie als

Partner des Reengineering gewonnen werden. Wir müssen erst die Denke ändern, dann folgenen neue Strukturen leicht nach, nicht umgekehrt. Marketing kann als „globales Stakeholdercoaching" einen großen Beitrag zum Change leisten.

Dies setzt allerdings voraus, daß Marketing nicht mehr als Absatz-Manipulationsinstrument, sondern als marktorientierte Führungskonzeption verstanden wird. Damit ist Marketing Initiator und Promoter des Reengineering und wird selbst von diesem Geschehen evolutioniert und revolutioniert:

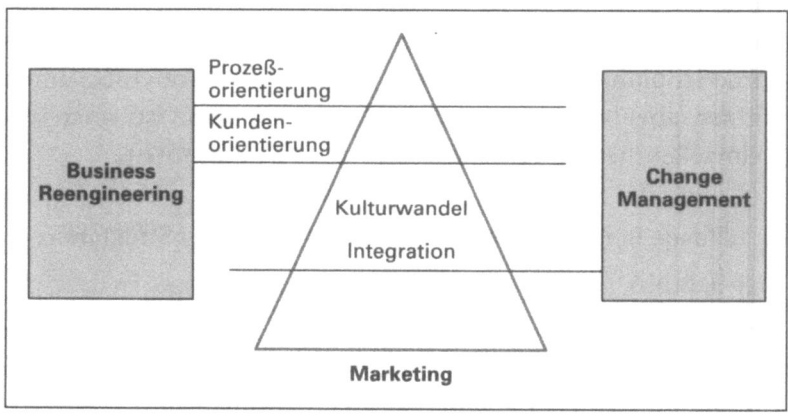

Abbildung 38: Marketing als Prisma zwischen Reengineering und Change

Marketing muß sich vom reinen aktions-, funktions- und instrumentenorientierten Beeinflussungsmarketing zum Beziehungsmanagement der Unternehmensführung entwickeln. Marketing agiert damit nicht mehr auf Basis kurzfristiger Erfolge, sondern investiert in die Zukunft eines Unternehmens. Dorthin ist ein langer Weg und an möglichen Lösungsansätzen zur Umsetzung wird gearbeitet – aber Visionen sind die Triebfeder aller Veränderung. Marketing ist der Motor der Unternehmensetablierung schlechthin ...

Literatur

ACHTERHOLT, G.: Corporate Identity, Wiesbaden 1988
ANSOFF, H. I.: Implanting Strategic Management, London 1991
BIRKIGT, K.; Stadler, M. M.: Corporate Identity – Grundlagen, Fallstudien, München 1980
VON BRISKORN, G.: Gedanken an die Grenzen des Marketing: Optionen und Potential. In: Innovationen, Nr. 5/6, 1987, S. 6–12
CLANCY, K. J.; SHULMAN, R.: Die Marketing-Revolution, Frankfurt/M., New York 1993
DEMUTH, A.: Image und Wirkung. Wirtschaftswoche (Hrsg.) GWP-Schriftenreihe, Band 2
DOPPLER, K.; LAUTENBERG, Ch.: Change Management, Frankfurt 1994
DÖRNER, D.: Über die Schwierigkeiten menschlichen Umgangs mit Komplexität. In: PR 7/1981, S. 163–179
DILLER, H.: State of the art: Beziehungsmanagement, Arbeitspapier Nr. 31 des Lehrstuhls für Marketing an der Universität Erlangen-Nürnberg, Nürnberg 1994
DRUCKER, P.: Innovation und Entrepreneurship – Practice and Principles, New York 1986
DRUCKER, P.: Managing for the Future, Oxford 1992
DRUCKER, P.: Managing for Results, New York 1993
DUNST, K.: Portfolio-Management, Berlin, New York 1983
GÄLWEILER, A.: Strategische Unternehmensführung, Frankfurt/M. 1974
GERKEN, P.: Abschied vom Marketing, Düsseldorf, Wien, New York 1990
GOMEZ, P.: Modelle und Methoden des systemorientierten Managements – Eine Einführung, Bern 1981
GOMEZ, P.: Die Organisation der Autonomie – Neue Denkmodelle für die Unternehmensführung. In: Zeitschrift für Führung und Organisation, Nr. 6, 1988, S. 389–393

HAMMER, R.: Unternehmensplanung, München, Wien 1992
HEINEN, E.: Identität, Ein bisher vernachlässigtes Element im Zielsystem der der Unternehmen? In: Mickl, W. J. (Hrsg.), Wirtschaftstheorie und Wirtschaftspolitik. Gedenkschrift für E. Preiser. Passau 1981, S. 125–143
HINTERHUBER, H. H.: Wettbewerbsstrategie, 2. Aufl., Berlin, New York 1990
HINTERHUBER, H. H.: Strategische Unternehmensführung, Bd. 1 und 2, Berlin, New York 1992
HOPFENBECK, W.: Allgemeine Betriebswirtschafts- und Managementlehre, Landsberg/Lech 1991
KOTLER, PH.; BLIEMEL, F.: Marketing Management, Stuttgart 1992
KREILKAMP, E.: Strategisches Marketing und Management, Berlin 1987
MALIK, F.: Strategie des Managements komplexer Systeme, Bern 1992
MALIK, F.: Planungsmanagement. In: Hofmann, M. et al. (Hrsg.), Funktionale Managementlehre, Berlin, New York 1988
MANN, R.: Das visionäre Unternehmen, Wiesbaden 1990
MEFFERT, H.: Marketing-Management, Wiesbaden 1994
MEFFERT, H.: Was kann der Motor Marketing leisten? In: Absatzwirtschaft 10/1994, S. 16–30
NAGEL, K.: Praktische Unternehmensführung, Landsberg/Lech 1994
PETER, S.; SCHNEIDER, W.: Strategiefaktor Kundennähe – Vom Transaktionsdenken zum Relationship-Marketing. In: Marktforschung & Management, 1/1994, S. 7–11
PORTER, M.: Wettbewerbsstrategie: Methoden und Analyse von Branchen und Konkurrenten, Frankfurt/M., New York 1992
PROBST, G.; GOMEZ, P.: Die Methodik des vernetzten Denkens zur Lösung komplexer Probleme. In: Probst, G., Gomez, P. (Hrsg.), Vernetztes Denken, Wiesbaden 1989
PROBST, G.; ULRICH, H.: Anleitung zum ganzheitlichen Denken und Handeln, Bern 1988
PÜMPIN, C.: Management strategischer Erfolgspositionen, Berlin, Stuttgart 1986
REISS, M.: Kann die Reengineering-Revolution gelingen? In: Absatzwirtschaft 10/1994, S. 38–44

ROVENTA, P.: Portfolio-Analyse und strategisches Management, München 1981
SCHÜTZ, P.: Die Lebenszyklen des Marketing. In: Absatzwirtschaft 10/1994 S. 32–36
SERVATIUS, H. G.: Vom Strategischen Management zur Evolutionären Führung: Auf dem Weg zu einem ganzheitlichen Denken und Handeln, Stuttgart 1991
SIMON, H.: Wettbewerbsvorteile und Wettbewerbsfähigkeit, Stuttgart 1988
STAUSS, B.: SCHULZE, H. S.: Internes Marketing. In: Marketing ZFP, Nr. 3, S. 149–158
STEINMANN, H.; SCHREYÖGG, G.: Management – Grundlagen der Unternehmensführung, Wiesbaden 1991
STREICHER, R.; TURNHEIM, G.: Strategisch planen, managen – ein Handbuch für praktische Unternehmensführung, Wien 1987
SUTRICH, O.: Prozeßmarketing anstelle des Mix. In: Harvard manager, 1/1994, S. 118–125
TURNHEIM, G.: Chaos und Management, Wien, Wiesbaden 1993
ULRICH, H.: Die Unternehmung als produktives soziales System, St. Gallen 1970

Der Autor

Dr. Christoph Ph. Schließmann ist selbständiger Wirtschaftsanwalt, Fachanwalt für Arbeitsrecht und Wirtschaftsberater in Bad Homburg v.d.H. Außerdem ist er lehrbeauftragter Dozent für strategische Unternehmensführung an der Universität Innsbruck sowie Partner und Dozent am St. Galler Management Programm.

Nach dem Studium der Rechts- und Wirtschaftswissenschaften führte ihn sein Berufsweg über Nestlé und international tätige Anwalts- und Consultingbüros zum eigenen Beratungsunternehmen. Grundlage dieses Buches sind sowohl seine praktischen Erfahrungen als auch seine Erfahrungen und Kenntnisse aus der wissenschaftlichen Tätigkeit.

Weitere Management-Literatur

Robert Becker
Besser miteinander umgehen
Die Kunst des interaktiven
Managements
284 Seiten, 78,– DM

Heinz Benölken / Peter Greipel
Dienstleistungsmanagement
Service als strategische
Erfolgsposition
248 Seiten, 78,– DM

Günter Botschen / Karl Stoss
**Strategische
Geschäftseinheiten**
Marktorientierung im Unternehmen
organisieren
172 Seiten, 78,– DM

Dietrich Buchner (Hrsg.)
NLP im Business
Konzepte für schnelle
Veränderungen
256 Seiten, 78,– DM

Jürgen Fuchs (Hrsg.)
Das biokybernetische Modell
Unternehmen als Organismen
236 Seiten, 84,– DM

Hirzel Leder & Partner
Speed Management
Geschwindigkeit zum
Wettbewerbsvorteil machen
270 Seiten, 89,– DM

Hirzel Leder & Partner (Hrsg.)
Synergiemanagement
Komplexität beherrschen,
Verbundvorteile erzielen
272 Seiten, 89,– DM

Ingrid Keller
Das CI-Dilemma
Abschied von falschen Illusionen
160 Seiten, 68,– DM

Dennis C. Kinlaw
Spitzenteams
Spitzenleistungen durch
effizientes Teamwork
220 Seiten, 68,– DM

Baldur Kirchner
Dialektik und Ethik
Besser führen mit Fairneß
und Vertrauen
323 Seiten, 58,– DM

Arthur D. Little (Hrsg.)
**Management erfolgreicher
Produkte**
184 Seiten, 78,– DM

Rudolf Mann
Das visionäre Unternehmen
Der Weg zur Vision in zwölf Stufen
188 Seiten, 59,80 DM

Attila Oess
Total Quality Management
Die ganzheitliche Qualitätsstrategie
328 Seiten, 84,– DM

GABLER
BETRIEBSWIRTSCHAFTLICHER VERLAG DR. TH. GABLER, TAUNUSSTRASSE 52-54, 65183 WIESBADEN

Weitere Management-Literatur

Jagdish Parikh
Managing Your Self
Streßfrei und gelassen auf
dem Weg zu Spitzenleistungen
240 Seiten, 78,– DM

Winfried Prost
Führe dich selbst!
Die eigene Lebensenergie als
Kraftquelle nutzen
160 Seiten, 68,– DM

Friedrich Reutner
Die Strategie-Tagung
Strategische Ziele systematisch
erarbeiten und Maßnahmen
festlegen
310 Seiten, 134,– DM

Horst Rückle
Mit Visionen an die Spitze
Zukunftsorientiert denken, handeln
und führen
256 Seiten, 68,– DM

Balz Ryf
Die atomisierte Organisation
Ein Konzept zur Ausschöpfung
von Humanpotential
268 Seiten, 78,– DM

Thomas Sattelberger (Hrsg.)
Die lernende Organisation
Konzepte für eine neue Qualität
der Unternehmensentwicklung
274 Seiten, 89,– DM

Dana Schuppert (Hrsg.)
Kompetenz zur Führung
Was Führungspersönlichkeiten
auszeichnet
248 Seiten, 68,– DM

Dana Schuppert / André Papmehl /
Ian Walsh (Hrsg.)
Interkulturelles Management
Abschied von der Provinzialität
236 Seiten, 78,– DM

Gerhard Schwarz
Konfliktmanagement
Sechs Grundmodelle
der Konfliktlösung
191 Seiten, 68,– DM

Georg Turnheim
Chaos und Management
328 Seiten, 98,– DM

Rudolf Wimmer (Hrsg.)
Organisationsberatung
Neue Wege und Konzepte
384 Seiten, 89,– DM

Zu beziehen über den Buchhandel
oder den Verlag.

Stand der Angaben und Preise:
1.2.1995
Änderungen vorbehalten.

GABLER
BETRIEBSWIRTSCHAFTLICHER VERLAG DR. TH. GABLER, TAUNUSSTRASSE 52-54, 65183 WIESBADEN

GABLER
Management Institut
Starnberg • Wiesbaden • Berlin

Und jetzt...

... will ich das Gelesene in der Diskussion vertiefen,
... will ich mich mit Menschen austauschen,
die gleiche Wünsche, gleiche Ziele und
gleiche Erfahrungen haben
... möchte ich persönliches Feedback erhalten,
jetzt will ich ein Seminar!

Es gibt nichts Gutes,

außer man tut es!

Fordern Sie unsere Seminar- und Konferenzübersicht an:
Gabler Management Institut, Sonja Buch, Taunusstraße 54,
65005 Wiesbaden, Fax 06 11 / 53 44 01, Tel. 06 11 / 53 42 91

Gabler Management Institut: Seminare • Beratung • Konferenzen

If you have any concerns about our products,
you can contact us on
ProductSafety@springernature.com

In case Publisher is established outside the EU,
the EU authorized representative is:
**Springer Nature Customer Service Center GmbH
Europaplatz 3, 69115 Heidelberg, Germany**

Printed by Libri Plureos GmbH
in Hamburg, Germany